탑다운 퀄리티 투자

세상의 변화를 미리 읽고 1%에 집중하는 힘

탑다운 퀄리티 투자

FundEasy 지음

지음미디어

일러두기

이 책은 투자에 참고하기 위한 정보를 제공할 뿐이며, 투자에 대한 견해는 필자 개인의 의견입니다. 실제 투자로 인한 책임은 투자자 본인에게 있음을 유의하시기 바랍니다.

> **추천사**

　이 책은 '주가 맞히기'에 집착하기보다 좋은 기업과 장기적으로 동행하는 투자가 얼마나 중요한지를 구체적으로 보여주었습니다. 저자가 직접 겪은 시행착오와 함께 버핏·테리 스미스·드러켄밀러의 철학을 한국 투자자의 눈높이에 맞춰 정리해준 점이 특히 유익했습니다.

　특히 탑다운으로 산업을 고르고, 퀄리티 기준으로 기업을 선별하는 전략은 지금 제 투자에 바로 적용할 수 있는 큰 나침반이 되었고, "많이 버는 것보다 적게 잃는 것이 중요하다"라는 메시지는 오래 기억에 남을 교훈이었습니다.

_미국 주식 인사이더

　기업에 투자할 때 수십 페이지 보고서보다 짧은 몇 줄의 강력한 아이디어가 더 중요하다는 것을 다시금 배울 수 있었습니다. 펀드이지 님의 책을 통해서 핵심을 짚는 인사이트를 기르시길 바랍니다.

_실버만삭스

훌륭한 투자책은 어디서 많이 본 철학이나 그럴싸한 다른 사람의 명언과 이론을 앵무새처럼 반복하지 않습니다. 또 직접 돌려봐도 수익이 나는지 알 수 없는 백테스트에 머물지 않습니다. 트럼프 체제의 대두 이후, 세상의 변화를 능동적으로 수용하고 구체적으로 포트폴리오에 어떻게 녹여낼 것인지에 대해 치열하게 고민해본 사람이라면 이 책의 접근방법이 무척이나 반가울 것입니다.

_캬오

이 책은 변동성 높은 시장에서 길을 잃지 않게 하는 명확한 '퀄리티'의 기준을 제시합니다. 구체적인 해자(Moat)와 재무 지표, 그리고 시대적 흐름에 대한 이해를 기반으로 위대한 기업을 선별하는 통찰력을 한 층 더 끌어올립니다. 투자 철학을 더욱 날카롭게 벼리는 계기가 되리라 확신하며 일독을 권합니다.

_피카츄 아저씨

워런 버핏은 "물이 빠져나가야 누가 벌거벗었는지 알 수 있다"라고 했습니다. 이 책은 방향, 곧 메가트렌드를 먼저 읽어내고, 그 속에서 시간이 흘러도 흔들리지 않을 퀄리티 기업을 찾는 법을 알려줍니다. 시장에 역행하지 않고 큰 흐름을 타며 장기적으로 승리하고자 하는 투자자, 특히 단기 매매의 소음에서 벗어나 마음 편한 투자를 찾는 바쁜 직장인들에게 든든한 길잡이가 될 것입니다.

_융떼

(들어가는 글)

만약 2014년 초, '한물간 공룡' 취급을 받던 마이크로소프트에 1,000만 원을 투자했다면 약 11년 뒤인 2025년에 그 돈은 얼마가 되어 있을까요? 정답은 약 1억 6,000만 원, 무려 16배 증가입니다. 어떻게 이런 폭발적인 성장이 가능했을까요?

많은 투자자가 기억하듯, 마이크로소프트는 2000년대 내내 끔찍한 주식이었습니다. 윈도우와 오피스라는 막강한 해자를 가

[그림 1] 2014년 마이크로소프트에 1,000만 원을 투자 = 2025년 16배로 증가

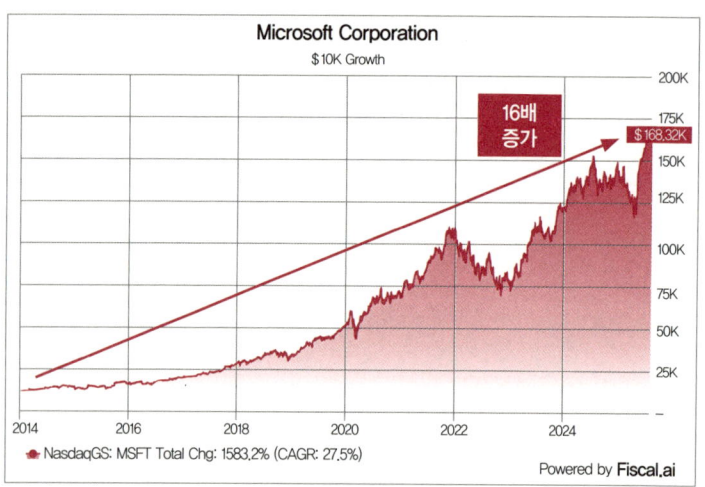

출처: Fiscal.ai

진 세계 최고 기업이었음에도 불구하고, 닷컴 버블의 정점에서 주식을 산 투자자는 10년이 넘는 시간 동안 돈을 거의 벌지 못했습니다. 기업의 퀄리티는 훌륭했지만, 미래가 보이지 않는 리더십과 너무 비싼 가격이라는 '성장 함정'에 빠져 있었기 때문입니다.

무엇이 이 잠자던 공룡을 다시 깨웠을까요? 정답은 이 책의 핵심 원칙인 '탑다운(Top-down)'과 '퀄리티(Quality)' 안에 숨어 있습니다.

첫째, 거대한 시대의 순풍, 바로 '클라우드 혁명'이라는 탑다운의 기회가 있었습니다. 세상의 모든 데이터와 서비스가 클라우드로 이동하는 거대한 흐름이 시작된 것입니다.

둘째, 그 흐름에 회사의 운명을 걸었던 경영진이 있었습니다. 2014년 취임한 CEO 사티아 나델라는 모바일에 집착하던 회사의 방향키를 과감히 클라우드 퍼스트로 돌렸습니다. 이는 회사의 자원을 미래에 완벽하게 재배치한, 역사상 가장 성공적인 자본 배분의 사례 중 하나로 기록되었습니다.

위대한 투자의 기회는 시장의 단기 등락을 예측하는 행위가 아니라, 시대의 순풍이 부는 산업(Top-down)을 먼저 찾고, 그 안에서 압도적인 경쟁력과 탁월한 경영진을 갖춘 최고의 기업(Quality)을 알아보는 안목에서 시작됩니다.

하지만 저 역시 처음부터 이런 인사이트를 가졌던 것은 아닙니다. 오히려 수많은 시행착오와 고통스러운 실패의 시간을 겪어야만 했습니다.

처음부터 '퀄리티 투자'를 했던 것은 아닙니다. 투자의 세계에 처음 발을 들인 후, 시장에서 유행하는 거의 모든 투자 방법을 시도해보았습니다. 단타 매매로 하루하루의 등락에 일희일비했고, 스윙 투자로 단기 추세를 좇았으며, 폭발적인 성장을 기대하며 시장의 뜨거운 테마주에 편승하기도 했습니다.

반짝이는 수익에 잠시 우쭐했지만, 이내 시장의 변덕 앞에 계좌는 속절없이 흔들렸습니다. '이 길이 아닌가?' 싶어 안정적이라는 미국 배당주로 눈을 돌려도 보고, 다시 유행하는 기법들을 기웃거려 보았지만 결과는 크게 다르지 않았습니다. '공부만 하면 부자가 될 수 있다'라는 믿음은 상승장에서만 유효한 허상처럼 느껴졌습니다.

'나는 투자에 재능이 없는 걸까?' 하는 자책감에 사로잡혔을 때, 저는 잠시 모든 것을 멈추고 새로운 길을 모색하기 시작했습니다. 그리고 마침내 혼란 속에서 하나의 길, 하나의 원칙을 발견했습니다. 시장의 단기 변덕에 휘둘리는 것이 아니라 시간과 함께 꾸준히 자산을 쌓아가는 방법, 그것은 바로 기업의 주식을 사고 파는 행위를 넘어 뛰어난 기업의 '동업자'가 되는 것이었습니다.

진정한 동업자는 회사의 본질적인 '질(Quality)'에 집중합니다. 저는 수많은 실패를 통해 위대한 기업은 반드시 세 개의 단단한 기둥 위에 서 있다는 것을 깨달았습니다. 바로 1) 숫자로 증명하는 '좋은 재무', 2) 경쟁자를 막아내는 '좋은 비즈니스 모델(경제적 해자)', 그리고 3) 이 모든 것을 지휘하는 '좋은 경영진'입니다.

저는 이 단단한 세 개의 기둥 위에 스탠리 드러켄밀러 같은 대가들의 지혜를 더했습니다. 거시적 흐름(Top-down)으로 유망한 산업의 순풍을 먼저 포착하고, 개별 기업의 퀄리티(Bottom-up)로 수익을 지켜내는 저만의 원칙, 이것이 바로 '탑다운 퀄리티 투자 전략'의 핵심입니다.

저는 가장 존경하는 투자자 중 한 명인 테리 스미스(Terry Smith)에게서 영감을 얻어 그의 펀드인 '펀드스미스(Fundsmith)'처럼 저 역시 단단한 원칙을 벼려내고 나만의 시스템을 만드는 투자의 대장장이(Smith)가 되고자 했습니다. 여기에 펀드처럼 체계적인(Fund) 원칙을 갖추되, 바쁜 직장인도 쉽게(Easy) 따라 할 수 있는 투자법을 만들고 싶다는 바람을 더해 'FundEasy'라는 이름이 탄생했습니다. 이는 현재 제가 운영하는 플랫폼의 이름이기도 합니다. 이 책은 그 험난했던 여정의 기록이자, 마침내 제가 찾은 '마음 편한 투자'의 구체적인 방법론입니다.

이 책은 저의 투자법을 맹목적으로 따라 하라고 말하지 않습니다. 오히려 제가 투자의 대가들을 나침반 삼아 저만의 길을 찾았듯, 여러분도 이 책을 하나의 참고서로 삼아 자신만의 투자 원칙을 세워나가는 것을 최종 목표로 합니다. 특히 시장을 계속 들여다볼 수 없는 바쁜 직장인들이 최소한의 시간으로 최대한의 효율을 낼 수 있도록, 저의 탑다운 투자 전략은 가장 현실적인 출발점이 되어줄 것입니다.

이 책은 여러분이 독립적인 투자자로 성장하는 데 필요한 사고의 틀과 실전 도구를 체계적으로 갖추는 데 도움이 될 것입니다. 수많은 기업 속에서 진정한 퀄리티 기업을 식별하는 안목, 재무제표 이면에 숨겨진 기업의 경쟁력을 파악하는 실용적인 분석 도구, 그리고 투자의 가장 큰 적인 탐욕과 공포를 다스리는 마음 관리 전략까지 제가 겪었던 모든 시행착오를 바탕으로 얻은 교훈을 담았습니다.

과거의 투자 실패는 능력 부족의 증거가 아닙니다. 오히려 더 현명하고 신중한 투자자로 성장하기 위한 소중한 경험이자 디딤돌이 될 수 있습니다. 투자가 더 이상 스트레스가 아닌, 세상을 배우고 자신을 성장시키는 즐거움이 될 수 있습니다. 변동성 속에서 진짜 가치를 찾아내고, 시간이 흘러도 빛을 잃지 않는 우량 기업과 동행하는 여정. 지금부터 저와 함께 마음 편한 투자의 첫걸음을 내디뎌 봅시다.

 차례

추천사   005

들어가는 글   008

1부 시장을 이기는 퀄리티 투자 전략

1장	나는 왜 퀄리티 투자를 선택했을까	025
2장	퀄리티 투자란 무엇일까	030
3장	거인의 어깨 위에서 길을 찾다	036
4장	유망 산업을 선별하는 탑다운 분석	055

2부 무엇이 위대한 기업을 만드는가

5장 재무제표: 어떤 산업을 보느냐에 따라 재무 분석의 '주안점'이 달라진다   070

6장 경제적 해자: 산업의 지형이 해자의 종류를 결정한다   081

7장 좋은 경영진: 산업의 성장 단계에 따라 필요한 리더십이 다르다   097

8장 좋은 기업을 '좋은 가격'에 사는 법: 가치평가   109

3부 원칙을 실전으로 바꾸는 나만의 시스템

9장 포트폴리오 구축과 운용: 최적의 팀을 만드는 법   125

10장 언제 사고 언제 팔 것인가: 투자의 알파와 오메가   139

4부 마인드셋과 리스크 관리

11장 위대한 투자자의 내공: 유연성, 규율 그리고 겸손   152

12장 투자에서 실패하지 않는 법: 리스크와 불확실성 관리   158

5부 FundEasy의 실전 투자 전략

실전 사례 1   '전기화'라는 메가트렌드에 올라타기   171

실전 사례 2   비싼 학위 대신 '기술'을 선택한 세대   178

실전 사례 3   다시 떠나는 사람들, 크루즈 산업의 부활   185

실전 사례 4   아이디어 발굴부터 검증까지(2025년 7월 기준)   191

부록

부록 1 FundEasy의 루틴과 공부 습관　　　　　　　　　　204

부록 2 투자의 효율을 높이는 핵심 사이트　　　　　　　　206

부록 3 AI를 나의 투자 비서로 만드는 법　　　　　　　　　209

부록 4 바쁜 직장인을 위한 퀄리티 기업 스크리닝 실전 가이드　　211

부록 5 나만의 투자 시스템 구축을 위한 7단계　　　　　　215

부록 6 추천 도서　　　　　　　　　　　　　　　　　　218

부록 7 참고 웹사이트 및 자료　　　　　　　　　　　　　220

부록 8 주요 용어 설명　　　　　　　　　　　　　　　　222

나가는 글　　　　　　　　　　　　　　　　　　　　　227

1부

시장을 이기는 퀄리티 투자 전략

지난 20년, 데이터가 증명한 것들

'들어가는 글'에서 저는 수많은 실패 끝에 '뛰어난 기업의 동업자가 되는 것'이야말로 투자의 본질이라는 결론을 얻었다고 고백했습니다. 하지만 이런 개인적인 깨달음만으로는 부족합니다. 투자의 세계는 냉정하기에 그 철학이 실제로 효과가 있는지 객관적인 사실로 증명해야만 합니다.

그렇다면 과연 데이터는 무엇을 말하고 있을까요? 지난 20년간 시장의 수많은 소음과 등락 속에서 '퀄리티'라는 원칙을 지킨 투자는 과연 어떤 결과를 낳았을까요?

이 장에서는 저의 개인적인 경험을 넘어 '퀄리티 투자'가 왜 가장 현명하고 수익률 높은 길이 될 수밖에 없는지를 명백한 데이터로 증명해 보이고자 합니다.

투자의 세계에는 수많은 전략이 존재하지만, 장기적으로 시장을 이기는 전략은 손에 꼽습니다. 그리고 퀄리티 투자는 지난 수십 년간 가장 꾸준하게 시장을 이겨온 전략 중 하나로 데이터가 명백히 증명하고 있습니다.

가장 대표적인 지표로 'MSCI World Quality Index'가 있습니다. 이 지수는 전 세계 상장 기업 중 자기자본이익률(ROE)이 높고, 부채 비율이 낮으며, 이익 변동성이 작은 퀄리티 기업들만 모아놓은 지수입니다. 이 지수의 성과를 전 세계 시장의 평균을 나타내는 'MSCI World Index'와 비교해보면 놀라운 사실을 발견할 수 있습니다.

닷컴버블 이전인 1998년 12월부터 2025년 6월까지 약 25년간 MSCI World Index가 약 6.4배 상승하는 동안 MSCI World Quality Index는 무려 9.3배 넘게 상승했습니다.

[그림 2] 1988~2025년 25년간 MSCI World Quality Index vs. MSCI World Index

출처: MSCI

좋은 비즈니스 모델과 튼튼한 재무구조를 가진 퀄리티 기업들은 시장이 좋을 때는 꾸준히 성장하고, 시장이 나쁠 때는 잘 버텨내면서 결과적으로 평범한 기업들과의 격차를 시간이 갈수록 벌려 나간다는 것입니다.

퀄리티 투자의 진정한 힘은 상승장이 아닌 하락장에서 드러납니다. 예를 들어, 닷컴버블이 붕괴하던 2000~2002년, 그리고 글로벌 금융위기가 닥친 2008년 당시 MSCI World Quality Index는 MSCI World Index 대비 현저히 낮은 하락률을 기록했습니다(그림 3). 이는 퀄리티 기업의 튼튼한 재무구조와 강력한 비즈니스 모델이 불황의 파고를 막아주는 든든한 방파제 역할을 했음을 의미합니다. 투자의 세계에서 '많이 버는 것'보다 중요한 것은 '적게 잃는 것'이며, 퀄리티 투자는 바로 이 원칙을 가장 충실하게 수행하는 전략입니다.

[그림 3] 글로벌 금융위기 당시 MSCI World Quality Index vs. MSCI World Index

출처: MSCI

또한 퀄리티 투자에 GARP 개념을 더한 'MSCI USA Quality GARP Select Index'는 'MSCI World Quality Index' 대비 더 우수한 퍼포먼스를 보였습니다.

GARP는 Growth At a Reasonable Price의 약자로 성장주와 가치주의 투자 전략을 결합한 접근 방식입니다. 즉, 단순히 미래 성장 가능성이 큰 기업에 투자하는 것을 넘어 그 주가가 합리적인 수준에서 거래되고 있는지를 함께 고려하는 전략입니다. 따라서 Quality GARP Index는 재무적으로 우량(Quality)하면서, 성장성(Growth)이 높고, 현재 주가 수준이 합리적인(Reasonable Price)

[그림 4] 2002~2025년, 23년간 MSCI USA Quality GARP Select Index 13.9배 상승

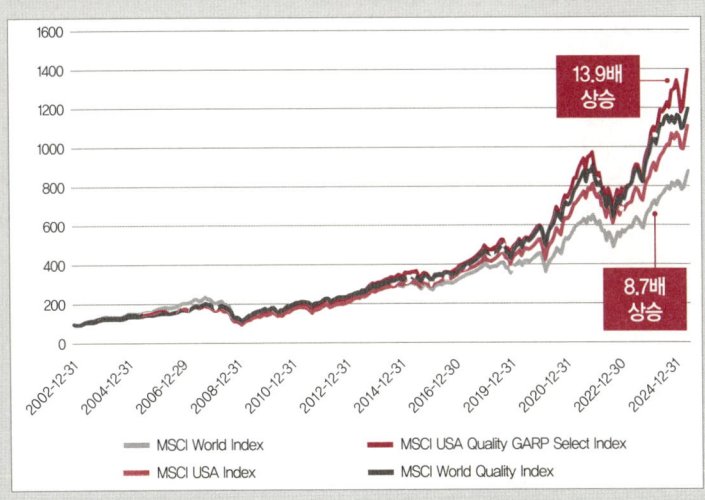

출처: MSCI

기업들로 구성된 지수라고 할 수 있습니다. 이 전략은 성장주의 높은 수익 잠재력과 가치주의 안정성을 동시에 추구하여 장기적으로 안정적인 초과 수익을 목표로 합니다.

2002년 12월부터 2025년 6월까지 약 23년간 MSCI World Index가 약 8.7배 상승하는 동안 MSCI USA Quality GARP Select Index는 무려 13.9배 넘게 상승했습니다(그림 4).

이 데이터는 저에게 '마음 편한 투자'가 단순히 심리적인 위안이 아니라, 가장 현명하고 수익률 높은 길이 될 수 있다는 객관적인 증거를 보여주었습니다.

이제 우리는 이 강력한 데이터를 바탕으로 다음 질문으로 나아가야 합니다.

"그렇다면 대체 무엇이 이토록 압도적인 차이를 만드는가?"
"무엇이 평범한 기업을 '위대한 퀄리티 기업'으로 만드는가?"
"왜 퀄리티와 탑다운을 결합한 투자 전략을 세운 것인가?"
이제부터 우리는 그 비밀을 하나씩 파헤쳐 나갈 것입니다.

1장

나는 왜 퀄리티 투자를 선택했을까

투자에 어느 정도 경험이 있는 사람이라면 투자판에 존재하는 여러 가지 투자 전략을 들어보았거나 실행해본 경험이 있을 겁니다. 저 역시 많은 투자 전략을 시도하며 수익도 내보고 손실도 봤습니다. 시장의 분위기에 휩쓸리고 FOMO(Fear Of Missing Out, 나만 뒤처지는 것에 대한 두려움)로 뜨거운 테마주에 올라탔다가 손절매해야 했던 경험. 하루 종일 핸드폰만 쳐다보며 단타 매매에 매달리다 결국 수익보다 수수료가 더 크고 정신만 피폐해졌던 날들. 이런 투자는 수익이 나도 잠시 기쁘지만 '계속해서 수익을 낼 수 있을까'라는 불안감이 항상 존재했습니다.

'투자를 평생 하고 싶다'라는 생각에 변동성에 휘둘리지 않고 꾸준하게 성과를 낼 수 있는 전략에 대한 갈증이 생겼습니다. 수많은 고민과 공부 끝에 제가 찾은 결론은 바로 '퀄리티 투자'였습니다.

퀄리티 투자는 매일 시시각각 변하는 시세 창을 들여다보며 감정을 소모할 필요가 없습니다. 투자자가 해야 할 일은 처음에 좋은 기업을 고르기 위해 깊이 파고드는 노력을 하고, 그 후에는 훌륭한 경영진이 우리를 위해 일하게 만드는 것입니다. 이는 본업에 충실하면서도 밤에 편히 잠들 수 있는 투자를 원하는 직장인들에게 가장 이상적이고 현실적인 방식입니다.

제가 생각하는 퀄리티 투자를 한마디로 표현하면 기업의 주식을 사고파는 것이 아니라 뛰어난 기업의 '동업자'가 되는 투자입니다. 더 이상 우리는 주가 그래프의 등락에 베팅하는 트레이더가 되어서는 안 됩니다. 내가 가진 돈으로 기업의 일부를 소유하고, 장기적인 안목으로 성장의 과실을 함께 나누는 '주주'이자 '파트너'가 되는 것입니다.

생각해보세요. 우리가 누군가와 동업할 때 그 사람의 과거 행실(좋은 재무), 현재의 사업 수완(좋은 비즈니스 모델), 그리고 미래의 비전과 정직함(좋은 경영진)을 꼼꼼히 따져보지 않습니까? 퀄리티 투자는 바로 그런 관점에서 기업을 바라보는 투자의 본질에 가장 가까운 길입니다. 이것이 제가 수많은 실패와 방황 끝에 퀄리티 투자를 선택한 이유입니다.

나만의 투자 시스템: 탑다운과 퀄리티의 결합

퀄리티 투자를 알고 제 투자에 적용한 뒤, 시장의 변동성에 마음이 힘든 적이 거의 없을 정도로 저는 단단한 심리적 안정감을 얻게 되었습니다. 하지만 개인적인 생각으로 퀄리티 투자에도 약점은 존재한다고 생각합니다. 퀄리티에 대한 기준이 투자자마다 주관적으로 정해지기 때문에 같은 퀄리티 투자를 지향한다고 해도 실제 투자 방식은 천차만별로 달라질 수 있습니다.

어떻게 보면 이것이 투자의 매력이기도 합니다. 투자에는 정답이 없고, 모두가 각자의 생각과 원칙으로 자신만의 싸움을 하는 곳이 바로 투자의 세계입니다. 저 역시 퀄리티 투자라는 훌륭한 철학을 제 것으로 소화하고 발전시키며, 저만의 투자 전략과 시스템을 세우게 되었습니다.

저는 한 기업의 모든 것을 파고드는 것보다 더 큰 그림으로 세상의 흐름을 읽고 기회를 포착하는 것을 더 좋아하고 잘한다고 생각합니다. 그래서 저는 퀄리티 투자를 베이스로 삼되 '탑다운' 접근법을 결합하여 저만의 투자 전략을 만들었습니다.

제 시스템의 핵심은 두 가지 분석 방법을 유기적으로 결합하는 것입니다.

먼저 탑다운과 바텀업의 개념부터 명확히 할 필요가 있습니다. 이 둘은 분석의 '방향'을 의미합니다. 탑다운은 거시경제나 산업 같은 숲에서 시작해 개별 기업이라는 나무로 내려오는 방식입니다. 바텀업은 개별 기업(나무)에서 시작해 그 기업이 속한 산업(숲)으로 시야를 넓혀가는 방식입니다.

그리고 이 책의 또 다른 핵심인 퀄리티는 제가 바텀업 분석을 수행할 때 사용하는 기준이자 방법론입니다. 즉, 저는 수많은 바텀업 분석 방법 중에서도 기업의 내재적인 질에 집중하는 방식을 채택한 것입니다.

이 세 가지 개념의 관계를 저의 투자 시스템에 적용하면 다음과 같이 정리할 수 있습니다.

첫째, 탑다운 분석으로 '어떤 운동장에서 뛸 것인가'를 결정합니다. 거시경제의 변화와 글로벌 트렌드를 미리 읽어내 앞으로 강력한 순풍이 불어올 '유망한 산업'을 먼저 찾아냅니다.

둘째, 그렇게 고른 산업 내에서 저만의 퀄리티 분석(바텀업 방식)을 통해 '최고의 선수'를 골라냅니다.

이것이 제가 주로 사용하는 투자 방식입니다. 하지만 모든 투자 결정을 이 방식으로만 하지는 않습니다. 때로는 유행하는 트렌드와 무관하게 압도적인 경쟁력을 가진 훌륭한 퀄리티 기업을 발견하고 그 기업과 오랜 기간 동행하는 **순수한 바텀업 방식**(개별 기업 분석에서 시작하는)**의 투자 역시 병행하고 있습니다.**

이처럼 원칙(퀄리티)을 지키되 상황에 따라 유연하게(탑다운과 바텀업의 결합) 대응하는 것, 이것이 바로 수많은 실패와 고민 끝에 도달한 저만의 투자 전략입니다.

2장

퀄리티 투자란 무엇일까

앞에서 퀄리티 투자가 지난 수십 년간 시장을 압도해온 가장 강력한 전략 중 하나임을 데이터를 통해 확인했습니다. 이는 우리가 가야 할 길이 단순한 심리적 위안이 아니라, 실제로 가장 뛰어난 길이라는 확신을 주었습니다.

이제 우리는 그 강력한 힘의 원천을 파헤쳐볼 시간입니다. 대체 무엇이 이토록 압도적인 차이를 만드는 걸까요? 투자자들이 이야기하는 퀄리티의 진짜 실체는 무엇일까요?

이 장에서는 '들어가는 글'에서 잠시 언급했던 위대한 기업의 세 가지 조건(좋은 재무, 좋은 비즈니스 모델, 좋은 경영진)을 본격적으로 해부하며, 위대한 기업을 알아보는 단단한 '관점'을 세우게 될 것입니다. 이 관점이야말로 2부에서 다룰 실전 종목 발굴의 가장 든든한 무기가 될 것입니다.

무엇이 진짜 '퀄리티'인가?

1장에서 보았듯 퀄리티 기업, 퀄리티 주식이라는 것은 좋은 경영진과 좋은 비즈니스 모델, 좋은 재무가 결합한 것입니다. 이미 좋은 퀄리티 기업을 찾는 것은 어렵지 않습니다. 누구나 그 기업을 바라보고 좋은 퀄리티 기업이라는 것을 알고 있습니다. 하지만 성장한 투자자라면 지금은 무언가 하나가 부족하지만 조금만 상황이 바뀌면 장기적인 퀄리티 기업이 될 수 있겠다는 확신을 갖게 되는 기업도 찾게 됩니다.

[위대한 기업의 3가지 조건]

1. 좋은 재무: 숫자로 스스로의 가치를 증명하는가(기업의 과거와 현재)?
2. 좋은 비즈니스 모델(기업의 현재와 미래): 그 좋은 숫자가 지속될 수 있는 이유는 무엇인가?
3. 좋은 경영진(기업의 미래): 그 이유를 더 강화하고 미래를 만들어갈 주체는 누구인가?

이러한 확신이 있다면, 시장의 단기 소음과 가격 변동에 일희일비하지 않고 평온한 마음을 유지할 수 있습니다. 이는 충동적인 매매를 줄이고 장기 투자를 성공으로 이끄는 가장 중요한 동력입니다.

이 세 가지의 구체적인 분석 방법에 대해서는 2부에서 상세히 다룰 것입니다.

좋은 재무

퀄리티 기업은 숫자로 스스로를 증명합니다. 좋은 재무란, 어떤 경제 위기에도 기업이 버텨낼 수 있는 튼튼한 체력을 의미합니다. 먼저, **부채비율**이 낮아 외부 충격에 안정적이어야 합니다. 또한, 단순히 이익을 많이 내는 것을 넘어 **투하자본이익률**(ROIC) 같은 지표를 통해 기업이 가진 자본으로 얼마나 효율적으로 이익을 내는지를 확인해야 합니다. 마지막으로, 회계상 이익이 아닌 실제 손에 쥐는 현금, 즉 **잉여현금흐름**(FCF)이 풍부하여 이 돈으로 빚을 갚고, 주주에게 배당을 주며, 새로운 사업에 투자하는 선순환을 만들 수 있어야 합니다.

좋은 비즈니스 모델

좋은 재무는 저절로 만들어지지 않습니다. 그것은 바로 기업의 '비즈니스 모델' 그 자체에서 비롯됩니다. 좋은 비즈니스 모델이란,, 단순히 돈을 버는 방법을 넘어 경쟁기업들이 쉽게 넘볼 수 없는 강력하고 지속 가능한 구조적 이점, 즉 '경제적 해자(Economic Moat)'를 갖춘 시스템을 의미합니다. 성 주위를 둘러싼 해자가 깊고 넓을수록 기업은 가격을 스스로 결정할 힘을 유지하고, 그 이익을 다시 해자를 강화하는 데 재투자하여 누구도 넘볼 수 없게 만드는 것입니다. 그렇다면 해자의 여러 속성 중 가장 중요한 것은 무엇일까요?

많은 연구가 놀랍게도 '성장률' 그 자체가 아니라, 그 해자가 얼마나 오래 지속되는지가 기업 가치에 훨씬 더 큰 영향을 미친다고 말합니다. 폭발적으로 성장하지만 2~3년 뒤 경쟁자들에게 따라잡히는 기업보다 적당히 성장하더라도 10년 이상 경쟁자들을 멀리 따돌릴 수 있는 기업이 장기 투자자에게는 훨씬 더 큰 복리를 안겨준다는 것입니다. 우리가 찾아야 할 것은 단순히 넓은 해자가 아니라, 시간이 흘러도 마르지 않는 '깊고 긴' 해자입니다. 경제적 해자의 구체적인 종류와 기업별 사례는 6장에서 더 자세히 다룰 것입니다.

좋은 경영진

아무리 좋은 사업 모델을 가진 기업이라도 경영진이 방향을 잘못 잡거나 능력이 부족하면 어려움을 겪을 수 있습니다. 퀄리티 기업은 미래를 내다보는 통찰력과 실행력, 그리고 주주의 이익을 최우선으로 생각하며 자본을 현명하게 배분하는 정직하고 유능한 경영진이 이끌어갑니다. 특히 기업이 벌어들인 돈을 어디에, 어떻게 사용하는지를 결정하는 **자본 배분**(Capital Allocation) **또는 자본 배치 능력**은 경영진의 실력을 판단하는 가장 중요한 척도 중 하나입니다.

시간을 내 편으로 만드는 법: 장기 투자가 답인 이유

이처럼 튼튼한 세 개의 기둥(재무, 비즈니스 모델, 경영진)을 갖춘 퀄리티 기업을 합리적인 가격에 샀다면, 투자자가 해야 할 가장 중요한 일은 단순합니다. 바로 시간을 내 편으로 만들며 기다리는 것입니다.

첫째는 **복리 효과의 마법**입니다. 우량 기업은 꾸준히 높은 수익을 내고, 그 이익의 상당 부분을 다시 사업에 재투자합니다. 이 과정이 반복되면서 자산은 눈덩이처럼 불어납니다. 잦은 매매는 이 복리의 마법을 스스로 멈추게 하는 행위입니다.

둘째는 **변동성 속의 안정성**입니다. 퀄리티 기업의 탄탄한 재무 상태와 강력한 경쟁 우위는 예기치 못한 위기에도 기업이 쉽게 무너지지 않도록 보호하는 방패 역할을 합니다. 주가 하락 폭이 상대적으로 작거나, 위기 이후 회복 속도가 빠른 경향이 있어 투자자의 심리적 안정에 큰 도움이 됩니다.

이러한 확신이 있다면 시장의 단기 소음과 가격 변동에 일희일비하지 않고 평온한 마음을 유지할 수 있습니다. 이는 충동적인 매매를 줄이고 장기 투자를 성공으로 이끄는 가장 중요한 동력입니다.

벤저민 그레이엄은 "단기적으로 시장은 투표 기계지만, 장기적으로는 저울이다"라고 말했습니다. 퀄리티 투자는 단기적인 인기에 편승하는 것이 아니라, 시장에서 기업의 진짜 가치를 알아줄 때까지 끈기 있게 기다리는 지혜입니다.

3장

거인의 어깨 위에서 길을 찾다

제 투자 전략에 대해 이야기하면 어떤 분들은 "어떻게 그런 전략을 선택하게 되셨나요?"라고 묻곤 합니다. 그럴 때마다 저는 사실 제 전략에 완전히 새로운 것은 없다고 말씀드립니다. 그것은 과거 위대한 투자자들이 수십 년에 걸쳐 증명해낸 핵심 원칙들을 제 것으로 소화하고, 저의 성향에 맞게 발전시킨 결과물입니다.

투자의 세계에서 모든 것을 스스로 창조할 필요는 없습니다. 오히려 검증된 원칙을 배우고, 그중 어떤 것이 나에게 맞는지 선택하여 그것을 일관되게 실행하는 것이 성공의 확률을 높이는 길이라고 생각합니다.

이 장에서는 많은 구루 중에서도 저의 투자 나침반이 되어준 세 명의 거장을 소개하고자 합니다. '어떤' 기업을 사야 하는지에 대한 인사이트를 준 **워런 버핏**, '어떻게' 보유해야 하는지에 대한 규율을 보여준 **테리 스미스**, 그리고 '언제, 어디에' 집중해야 하는지에 대한 지혜를 가르쳐준 **스탠리 드러켄밀러**. 이들의 지혜가 어떻게 '탑다운 퀄리티 투자 전략'의 토대가 되었는지 함께 살펴보겠습니다.

워런 버핏: "훌륭한 기업을 합리적인 가격에 사라"

워런 버핏은 설명이 필요 없는 역사상 가장 위대한 투자자입니다. 그의 이름은 '가치투자'와 동의어처럼 쓰이며, 수십 년간 시장을 압도하는 경이로운 성과를 통해 자신의 철학을 증명해왔습니다. 그의 지혜는 복잡한 이론이 아닌, 사업의 본질을 꿰뚫는 깊은 인사이트와 상식에 기반합니다.

원칙 1. 스스로를 사업가라고 생각하라

버핏은 주주총회에서 늘 강조합니다. "우리는 주식을 사는 것이 아니라, 사업의 일부를 사는 것입니다." 그는 수많은 투자자가 주가 변동 그래프만 보고 주식을 '종이조각'처럼 거래하는 것을 가장 큰 실수라고 지적합니다.

워런 버핏의 접근법은 정반대입니다. 그는 특정 기업의 주식을 매수하기 전에 "만약 내가 이 회사를 통째로 인수한다면 얼마를 지불할 것인가?"라고 스스로에게 묻습니다. 이 질문은 투자자를 주가의 등락에 일희일비하는 투기꾼이 아니라, 기업의 장기적인 성장과 수익성에 집중하는 '동업자'의 관점으로 바꿔놓습니다. '사업가처럼 생각'하는 이 자세야말로 단기적인 시장의 광기로부터 우리를 지켜주는 가장 강력한 심리적 방패입니다.

원칙 2. 능력의 범위(Circle of Competence) 안에 머물러라

"자신의 능력 범위를 아는 것은 IQ의 높낮이보다 훨씬 중요합니다."

버핏은 과거에도 현재에도 시장이 강세를 보일 때 버크셔해서웨이 주가가 상대적으로 약세를 보이면 항상 비판을 받았습니다. 과거 닷컴버블이 한창일 때, 기술주에 투자하지 않는다는 이유로 '한물간 투자자'라는 비판을 받았습니다. 하지만 그는 자신이 완벽하게 이해하지 못하는 사업에는 절대 투자하지 않는다는 원칙을 꿋꿋이 지켰고, 결국 버블 붕괴 후 그의 판단이 옳았음을 증명했습니다.

'능력의 범위'란 내가 잘 알고 있고 미래의 수익성을 합리적으로 예측할 수 있는 사업 영역을 의미합니다. 이 범위의 크기는 중요하지 않습니다. 중요한 것은 그 경계를 명확히 알고, 그 안에서만 행동하는 규율입니다. 그는 주주들에게 "모든 기회를 잡을 필요는 없다. 당신이 평생 해야 할 일은 그저 몇 개의 좋은 기업을 찾는 것뿐이다"라고 조언하며, 조급함을 버리고 자신이 이해하는 분야에서 최고의 기업을 기다리는 인내심의 중요성을 강조합니다.

원칙 3. 시장을 '미스터 마켓'으로 대하라

버핏은 스승 벤저민 그레이엄의 '미스터 마켓(Mr. Market)' 비유를 즐겨 사용합니다. 미스터 마켓은 매일 우리에게 찾아와 각기 다른 가격으로 주식을 사거나 팔라고 제안하는 조울증 환자와 같습니다.

어떤 날 그는 극단적인 행복감에 빠져 터무니없이 높은 가격을 부르고, 어떤 날은 극심한 우울감에 빠져 훌륭한 기업의 주식을 헐값에 내던집니다. 현명한 투자자는 이 변덕스러운 미스터 마켓의 감정에 휩쓸리지 않습니다. 대신 그의 비이성적인 제안을 '이용'할 뿐입니다. 즉, 미스터 마켓이 공포에 질려 헐값을 제시할 때 주식을 사고, 탐욕에 빠져 비싼 값을 부를 때는 그를 무시하거나 주식을 팝니다.

기업의 내재가치에 대한 확고한 기준이 있다면, 시장의 변동성은 위기가 아니라 돈을 벌 수 있는 절호의 기회가 됩니다.

대표적 투자 사례

버핏의 대표적인 투자 사례들은 그의 철학을 명확히 보여줍니다. 코카콜라(Coca-Cola) 투자는 압도적인 브랜드 파워라는 해자에 주목한 대표적인 예입니다. 기술주를 기피하던 관념을 깨고 단행했던 애플(Apple) 투자는 아이폰 생태계 중심의 막강한 '소비자 프랜차이즈'와 CEO 팀 쿡의 효율적인 자본 배분 정책을 높이 평가하여 큰 성공을 거둔 사례입니다.

> **[워런 버핏에게 배우는 교훈]**
> 기업의 본질적인 경쟁력(해자)을 꿰뚫어보는 분석력과 시장의 공포를 기회로 삼아 훌륭한 기업과 동행하는 인내심의 중요성을 배울 수 있습니다. 그는 투자자를 시장 참여자가 아닌 '사업가'처럼 생각하고 행동해야 한다고 가르칩니다.

테리 스미스: "좋은 기업을 사서, 아무것도 하지 마라"

테리 스미스는 '영국의 워런 버핏'이라 불리는 퀄리티 투자의 살아 있는 전설입니다. 그는 시장을 예측하거나 복잡한 금융 모델을 사용하는 대신, 매우 상식적이고 단순한 원칙으로 장기적인 부를 쌓아 올렸습니다. 그의 투자 철학은 세 문장으로 요약됩니다. **"좋은 기업을 사라. 너무 비싸게 사지 마라. 그리고 아무것도 하지 마라."** 이 평범해 보이는 원칙 속에 투자의 정수가 담겨 있습니다.

원칙 1. 좋은 기업을 사라: '자본 경량 복리수익 기업'을 찾는 여정

테리 스미스가 말하는 좋은 기업이란 단순히 유명하거나 성장률이 높은 기업이 아닙니다. 그의 정의는 회계적으로 명확한데, 바로 '자본 비용보다 월등히 높은 수준의 이익(ROIC, ROCE)을 아주 오랜 기간 꾸준히 창출하는 기업'입니다.

이런 기업들은 대개 다음과 같은 특징을 가집니다.

- **강력한 무형자산:** 브랜드, 특허, 네트워크 효과 등 경쟁자들이 쉽게 모방할 수 없는 강력한 해자를 가집니다.
- **반복적인 소액 매출:** 소비자들이 매일, 매주, 매달 반복적으로 구매하는 작지만 필수적인 제품이나 서비스를 판매합니다(예: 로레알의 화장품, 마이크로소프트의 소프트웨어 라이선스).
- **낮은 자본 집약도:** 성장을 위해 거대한 공장 설비나 R&D 투자가 지속적으로 필요하지 않습니다. 벌어들인 현금을 올바른 자본 배분 원칙에 따라 유기적 성장에 투자, M&A나 주주에게 돌려주는 등 아주 적은 재투자로도 스스로 성장하

는 '자본 경량 복리수익 기업(Capital-light Compounder)'입니다.

테리 스미스는 인터뷰에서 철강, 화학, 항공, 은행처럼 거대한 자본을 계속 투입해야만 가치를 유지할 수 있거나, 경기에 따라 실적이 크게 흔들리는 기업들을 피한다고 명확히 밝혔습니다. 이런 기업들은 투자자가 기다리는 동안에도 계속해서 가치를 파괴할 수 있기 때문입니다.

원칙 2. 너무 비싸게 사지 마라: '가치 함정'과 '성장 함정'을 피하는 법

이 원칙은 가장 오해받기 쉽습니다. 그의 포트폴리오에 담긴 기업들은 PER(주가수익비율) 기준으로 보면 항상 '비싸' 보이기 때문입니다. 하지만 그는 '싼 주식을 사는 것'과 '주식을 싸게 사는 것'은 다르다고 말합니다.

테리 스미스의 가치평가는 미래 현금흐름의 '확실성'에 초점을 맞춥니다. 그는 기업의 잉여현금흐름 수익률(Free Cash Flow Yield)을 장기 채권 금리와 비교하며, 예측 가능한 미래에 꾸준히 현금을 창출할 수 있는 기업이라면 기꺼이 프리미엄을 지불합니다. 이는 "훌륭한 기업을 적정 가격에 사는 것이 평범한 기업을 싼 가격에 사는 것보다 훨씬 낫다"라는 위대한 투자자의 격언과 일맥상통합니다. 아무리 싸게 사도 기업의 가치가 성장하지 않거나 오히려 파괴된다면 그것은 '가치 함정'입니다.

테리 스미스의 원칙은 눈앞의 싼 가격표가 아니라, 미래에 얻게 될 확실한 현금흐름의 가치를 사는 것입니다. 그러나 기업의 성장성은 매우 뛰어나지만, 그 기대감이 주가에 과도하게 반영되어 너무 비싼 가격에 주식을 매수하게 되면 자칫 퀄리티 함정(Quality Trap)에 빠질 수 있습니다. 아무리 좋은 기업이라도 너무 비싼 가격에 산다면 향후 성과가 안 좋을 수 있기 때문에 합리적인 가격에 매수하는 것을 중요하게 여기고 있습니다.

원칙 3. 아무것도 하지 마라: 정원을 가꾸는 농부의 마음

그의 철학에서 가장 실천하기 어려운 동시에 가장 중요한 부분입니다. 그는 투자 과정을 '정원을 가꾸는 것'에 비유합니다. 좋은 씨앗(기업)을 고르기 전에 땅을 갈고 비료를 주는(리서치) 것에 엄청난 노력을 기울입니다. 잘 일궈진 땅에 좋은 씨앗을 심고 나면 농부는 매일 땅을 파서 뿌리가 잘 자라는지 확인하지 않습니다. 그저 햇빛과 물을 주며(보유하며), 잡초를 뽑아주고(시장의 소음을 무시하고), 시간이 흘러 열매가 맺기를 기다릴 뿐입니다.

시장의 단기적인 등락이나 위기감 조성 뉴스에 반응하여 좋은 기업을 팔아치우는 것은 열매를 맺기 전에 잘 자라고 있는 나무를 뽑아버리는 것과 같습니다. '아무것도 하지 않는 것'은 게으름이 아니라, 복리의 마법이 작동할 시간을 기꺼이 내어주는 적극적인 안내이자 최고의 투자 전략입니다. 이는 불필요한 거래 비용과 세금을 줄여 실질 수익률을 높이는 가장 확실한 방법이기도 합니다.

테리 스미스는 2013년 마이크로소프트를 처음으로 펀드에 편입했고, 2025년 현재까지 포트폴리오 비중 상위권을 차지하고 있습니다. 마이크로소프트는 그 당시 PER 약 15배, FCF Yield(잉여현금흐름 수익률) 11% 등 합리적인 수준으로 거래되고 있었습니다. 또한 강력한 브랜드 파워, 독점적인 소프트웨어(Windows, Office) 생태계를 가지고 있던 마이크로소프트는 2010년 AWS(아마존웹서비스)를 벤치마크하여 클라우딩 컴퓨팅 서비스(Azure)를 출시했지만, 초기에는 그 잠재력을 알지 못했습니다. 하지만 2014년 사티아 나델라가 새로운 CEO로 취임한 후 클라우드 산업의 성장성을 목격하고 Azure를 새로운 성장 사업으로 키웠습니다. 여기에 가격 매력이 더해지면서 2013년 이후 지금까지 주가가 약 1,800% 상승하는 놀라운 성과를 보였습니다.

[테리 스미스에게 배우는 교훈]

명확하고 엄격한 기준을 세우는 것, 그리고 그 기준에 맞지 않으면 시장의 유혹에 흔들리지 않고 '아무것도 하지 않는' 극단적인 규율과 인내의 힘을 배울 수 있습니다.

스탠리 드러켄밀러: "홈런을 칠 기회에 안타를 노리지 마라"

스탠리 드러켄밀러는 월스트리트 역사상 가장 성공적인 헤지 펀드 매니저 중 한 명으로, 거시경제 흐름을 읽고 과감한 베팅을 하는 '글로벌 매크로' 전략의 살아 있는 전설입니다. 조지 소로스의 오른팔로 퀀텀 펀드의 전성기를 이끌었고, 30년간 연평균 30%라는 경이적인 수익률을 기록하면서 단 한 번도 연간 손실을 기록하지 않은 것으로 유명합니다. 그의 투자 철학은 단순한 감각을 넘어 몇 가지 명확한 원칙으로 정리할 수 있습니다.

원칙 1. 숲을 보기 위해 나무의 목소리를 들어라

흔히 드러켄밀러를 경제 지표와 같은 거시적 데이터로 시장을 전망하는 '탑다운' 투자자로 분류합니다. 그러나 그의 인사이트는 놀랍게도 '바텀업', 즉 개별 기업의 미세한 동향에서 시작됩니다. 그는 자신의 매크로 분석이 수많은 기업의 이야기를 듣는 것에서 비롯된다고 말합니다. 특정 산업의 최전선에 있는 기업들이야말로 공식적인 경제 지표가 발표되기 전에 변화를 먼저 감지하는 '탄광 속의 카나리아'라고 믿기 때문입니다.

예를 들어, 그는 반도체 기업들의 재고 수준 변화나 소프트웨어 기업들의 신규 계약 건수 같은 구체적인 데이터를 통해 산업의 상황을 파악합니다. 이러한 개별 기업(나무)들의 구체적인 변화가 모여 거대한 경제(숲)의 흐름을 형성한다는 것을 알기에, 그는 현장의 목소리에 누구보다 집요하게 귀를 기울였습니다.

원칙 2. 다가올 미래의 세상에 투자하라

"현재의 실적이나 뉴스에 투자하는 것은 백미러를 보고 운전하는 것과 같다."

드러켄밀러 투자 철학의 핵심은 현재의 사실(Fact)을 미래의 결과(Outcome)로 연결하는 '미래 상상력'에 있습니다. 중요한 것은 지금 보이는 세상이 아니라, 현재의 변수들이 만들어낼 12~18개월 뒤의 세상입니다. 그는 중앙은행의 통화정책 변화, 혁신 기술의 등장, 지정학적 리스크 같은 거대한 사건들이 연쇄 반응을 일으켜 미래의 자산 가격을 어떻게 바꿔놓을지 끊임없이 시뮬레이션했습니다.

그리고 그 변화의 파도에 가장 크게 올라탈 자산에 미리 베팅하는 것이 그의 방식입니다. 최근 그가 AI 혁명의 거대한 파도를 남들보다 먼저 읽고 엔비디아에 투자해 막대한 수익을 거둔 것 역시 단순히 현재의 유행을 좇은 것이 아니라, 기술의 변화가 다가올 미래의 산업 지형도를 어떻게 재편할 것인지를 내다본 결과입니다.

원칙 3. 유일한 원칙은 '원칙에 얽매이지 않는 것'이다

드러켄밀러의 가장 강력한 무기는 '유연성'입니다. 이는 '원칙이 없다'라는 의미가 아니라, 오히려 '특정 원칙이나 자산군에 얽매이지 않는 것을 가장 중요한 원칙으로 삼았다'라는 뜻입니다. 그는 주식, 채권, 통화, 원자재 등 가능한 모든 자산군을 넘나들며, 특정 시점에서 가장 유리한 '위험 대비 기대수익'을 제공하는 기회를 찾아 나섰습니다.

주식시장에 상승 동력이 보이지 않을 때는 미련 없이 비중을 줄이고, 국채나 통화에서 더 나은 기회를 포착했습니다. 특정 자산군에 대한 애착이나 편견 없이 오직 최고의 기회만을 좇는 합리성, 이 유연성 덕분에 그는 수십 년간 어떤 시장 환경에서도 살아남아 압도적인 수익을 낼 수 있었습니다.

원칙 4. 홈런을 치고, 빠르게 퇴장하라

그는 스승 조지 소로스로부터 '정말로 확신이 들 때는 아주 크게 베팅하라'는 것을 배웠습니다. 그의 투자 스타일은 '옳고 그름은 중요하지 않다. 중요한 것은 옳았을 때 얼마를 벌고, 틀렸을 때 얼마를 잃느냐는 것이다'라는 한 문장으로 요약됩니다.

이 철학은 두 가지 행동 원칙으로 나타납니다.

첫째, 시장이 일생일대의 기회를 제공한다고 판단되면, 분산투자의 안락함을 버리고 있는 힘껏 휘둘러 '홈런'을 만들어야 합니다.

둘째, 자신의 가설이 틀렸다는 증거가 나타나면 자존심이나 미련에 연연하지 않고 즉각 포지션을 정리해야 합니다.

이 두 원칙이 완벽하게 조화를 이룬 대표적 사례가 바로 1992년 영국 파운드화 공매도와 닷컴 버블 시기입니다.

대표 투자 사례: 파운드화 공매도

당시 영국은 유럽 국가 간의 환율을 안정적으로 유지하기 위한 제도(ERM)에 따라 파운드화를 독일 마르크화에 고정하고 있었습니다. 그러나 통일 독일의 인플레이션을 잡기 위한 고금리 정책은 경기 침체에 빠진 영국 경제에는 감당하기 힘든 족쇄였습니다. 드러켄밀러는 영국이 결국 높은 이자율 부담을 견디지 못하고 환율 고정을 포기, 즉 파운드화의 가치를 떨어뜨릴 수밖에 없다는 미래(18개월 후의 세상)를 논리적으로 예측했습니다.

그는 일생일대의 기회임을 직감하고 조지 소로스를 설득해 퀀텀 펀드의 운명을 걸고 '파운드화 가치 하락'에 베팅(공매도)했습니다. 결국 영국 정부는 항복했고, 퀀텀 펀드는 이 한 번의 홈런으로 10억 달러가 넘는 수익을 올리며 전설이 되었습니다. 그는

2000년 닷컴 버블 붕괴 직전, 기술주에 대한 잘못된 판단으로 큰 손실을 본 후, 감정적으로 지쳐 모든 것을 정리하고 휴가를 떠났습니다. 하지만 휴가지에서 새로운 증거를 발견하자마자, 그는 이전의 실수를 깨끗이 잊고 곧바로 채권에 투자하여 엄청난 성공을 거두었습니다. 이처럼 실수를 인정하는 용기와 즉각적인 방향 전환 능력이야말로 다음 홈런을 준비하는 그의 가장 강력한 리스크 관리 도구였습니다.

드러켄밀러의 성공은 다음 홈런을 준비하기 위한 가장 강력한 리스크 관리, 즉 '실수를 인정하는 용기'와 '즉각적인 방향 전환 능력'에 기반하고 있습니다.

[스탠리 드러켄밀러에게 배우는 교훈]

시장의 큰 흐름을 읽는 거시적 통찰력, 상황 변화에 끊임없이 적응하는 유연한 사고, 그리고 무엇보다 자본을 지키기 위한 결단력 있는 리스크 관리의 중요성을 일깨워줍니다.

거장의 교차점: 다른 길, 같은 원칙

워런 버핏과 테리 스미스는 '어떤 기업을 살 것인가'에 대한 깊은 인사이트를, 스탠리 드러켄밀러는 '언제 어떤 자산에 투자할 것인가'에 대한 지혜를 줍니다. 하지만 테리 스미스의 인내와 드러켄밀러의 유연성 같은 이들의 원칙은 때로 서로 상충하는 것처럼 보입니다.

어떻게 이 지혜들을 하나의 투자 시스템 안에서 조화롭게 구현할 수 있을까요? 저의 대답은 유연성과 인내를 결합하는 것입니다.

'숲'을 선택할 때는 드러켄밀러의 '유연성'을 빌린다

먼저, 우리는 투자의 첫 단계, 즉 '어떤 산업(숲)에 집중할 것인가'를 결정할 때 유연함을 발휘해야 합니다. 금리, 기술 변화, 지정학적 리스크 등 거시경제의 거대한 흐름을 읽고, 앞으로 1~2년간 가장 강력한 순풍이 불어올 산업을 선택합니다. 이때는 특정 산업에 대한 고정관념을 버리고, 오직 최고의 기회가 있는 곳으로 움직이는 유연성이 가장 중요한 무기가 됩니다. 예를 들어, 반도체 산업의 사이클이 정점에 가까워졌다고 판단되면 미련 없이 비중을 줄이고, 새롭게 부상하는 에너지 인프라 산업으로 관심을 옮기는 식입니다.

'나무'를 고르고 키울 때는 버핏과 스미스의 '인내'를 따른다

일단 유망한 숲을 선택했다면, 그 안에서 최고의 나무를 고르는 단계부터는 그 산업 내에서 가장 깊은 경제적 해자를 가졌고, 가장 뛰어난 경영진이 이끄는 최고의 퀄리티 기업을 찾아냅니다. 그리고 일단 그 기업의 동업자가 되기로 결정했다면, 그때부터는 테리 스미스의 조언처럼 '아무것도 하지 않는 인내'가 필요합니다. 기업의 본질 가치가 훼손되지 않는 한, 단기적인 시장의 소음이나 가격 변동에 흔들리지 않고 복리의 마법이 작동할 시간을 기꺼이 내어주는 것입니다.

이처럼 저의 탑다운 퀄리티 투자 전략은 대가의 지혜를 각기 다른 단계에 적용합니다. 워런 버핏이 말했던 능력 범위 안에서 투자하라는 말에서 저는 능력 범위가 평생 동안 제자리라고 생각하지 않습니다. 때문에 투자자의 성장에 한계를 두지 않고 드러켄밀러의 유연함으로 기회를 찾고, 버핏과 스미스의 인내로 투자하는 것이 바로 평범한 투자자가 거인들의 지혜를 현실적으로 구현할 수 있는 시스템이라고 생각합니다.

하지만 독자 여러분은 근본적인 질문을 던질 수 있습니다. "이 세 명의 철학을 합친 것이 단순히 좋은 전략들을 섞어놓은 짬뽕이 아니라, 왜 더 강력한 시너지를 내는가?"

그 대답은 탑다운 퀄리티 전략이 투자의 성공 확률을 극적으로 높이는 체계적인 '2단계 필터링 시스템'으로 설계되었기 때문입니다.

1단계: 드러켄밀러의 시점으로 '퀄리티 함정'을 피한다

성공적인 투자의 첫 번째 질문은 '어떤 기업을 살까'가 아니라, '어떤 산업, 트렌드에 투자할까'여야 합니다. 아무리 훌륭한 기업이어도 침체기에 있는 기업이라면 좋은 투자 기회가 아닐 수 있기 때문입니다.

스탠리 드러켄밀러의 탑다운 분석은 바로 산업, 트렌드를 먼저 찾아내는 역할을 합니다. 수천 개의 기업 중에서 우리의 소중한 시간과 노력을 쏟을 가치가 있는 유망한 산업을 먼저 선별하는 것입니다.

이것이 왜 중요할까요? 바로 투자의 가장 치명적인 실수인 퀄리티 함정을 원천적으로 방지하기 때문입니다. 드러켄밀러의 시점은 우리가 침몰하는 배 위에서 가장 튼튼한 의자를 고르는 어리석음을 범하지 않도록 막아줍니다.

2단계: 버핏과 스미스의 까다로움으로 가려낸다

일단 유망한 산업이나 트렌드를 찾았다면 이제 그 안에서 좋은 기업을 찾을 차례입니다. 이때 우리는 워런 버핏과 테리 스미스의 시각으로 까다롭게 기업을 살펴봅니다.

선별된 산업 내 수많은 기업 중에서 가장 깊은 경제적 해자를 가졌고, 가장 뛰어난 경영진이 이끌며, 가장 튼튼한 재무 구조를 가진 기업을 가려내는 것입니다. 아무리 유망한 산업이라도 그 안의 모든 기업이 성공하는 것은 아닙니다. 버핏과 스미스의 시점은 옥석을 가려내어 우리의 투자가 반짝이는 유행이 아닌 지속 가능한 가치에 닿도록 합니다.

탑다운 퀄리티 전략의 시너지 공식

이 두 단계의 조합은 투자의 성공 확률을 단순 합산이 아닌 곱셈으로 만듭니다.

투자의 성공 확률 = 유망한 산업을 선택할 확률 × 유망한 산업 안에서 위대한 기업을 발굴할 확률

만약 우리가 산업 선택을 무시하고 위대한 기업 발굴에만 집중한다면 어떨까요? 0.9의 확률로 위대한 기업을 골랐지만, 0.1의 확률로 사양 산업을 선택했다면? 최종 성공 확률은 9%에 불과합니다. 반대로 산업 트렌드만 좇아 평범한 기업에 투자해도 결과는 마찬가지입니다.

탑다운 퀄리티 전략은 이 두 확률 변수를 모두 90% 이상으로 끌어올리려는 시스템적 접근입니다. 드러켄밀러의 시점으로 성공 확률이 높은 운동장을 먼저 찾고, 버핏과 스미스의 시점으로 그 운동장의 최고 선수에게만 베팅하는 것. 이것이 바로 세 거장의 지혜가 만나 폭발적인 시너지를 내는 비밀입니다.

투자 대가	핵심 철학	'탑다운 퀄리티 전략' 적용 방식
워런 버핏	"훌륭한 기업을 합리적인 가격에 사라."	기업의 내재적 가치, 특히 '경제적 해자'를 분석하여 위대한 기업을 발굴하는 '바텀업' 분석의 근간을 이룹니다.
테리 스미스	"좋은 기업을 사서 아무것도 하지 마라."	한번 선별한 퀄리티 기업과 장기 동행하며 복리의 마법을 누리는 '장기 보유와 원칙 준수'라는 규율의 중요성을 일깨웁니다.
스탠리 드러켄밀러	"숲을 먼저 보고, 홈런을 노려라."	금리, 유동성 등 거시경제의 큰 흐름을 읽어 유망한 산업(숲)을 먼저 선별하는 '탑다운' 분석의 핵심을 제공합니다.

탑다운 퀄리티 투자 전략은 바로 이 질문, "어떻게 세 거장의 지혜를 하나의 시스템 안에서 구현할 것인가?"에 대한 저의 대답입니다. 이제 그 구체적인 시스템의 세계로 들어가 보겠습니다.

4장

유망 산업을 선별하는 탑다운 분석

대부분의 개인 투자자는 '어떤 주식을 사야 할까?'라는 질문으로 투자를 시작합니다. 언론이나 주변에서 언급되는 특정 기업의 이름에서 출발하여, 그 기업의 재무제표를 분석하고 가치를 평가하려 노력합니다. 하지만 이는 출발선부터 잘못되었을 가능성이 큽니다.

성공적인 투자의 첫 질문은 '어떤 기업을 살까'가 아니라, '지금 세상은 어떤 방향으로 움직이고 있는가'여야 합니다. 훌륭한 기업을 찾는 것만큼 혹은 그 이상으로 중요한 것이 바로 어떤 산업이 시대의 순풍을 타고 있는지를 먼저 파악하는 것입니다. 이는 물고기를 잡기 전에 어느 바다에 물고기가 가장 많이 모이는지 먼저 살피는 것과 같습니다. 유망한 산업이라는 풍요로운 어장을 먼저 찾아낸다면, 투자 성공의 확률은 극적으로 높아집니다.

탑다운 퀄리티 투자 전략의 첫 번째 '탑다운 분석'은 바로 이 과정을 체계화한 것입니다. 개별 기업이라는 나무를 보기 전에 산업과 세상의 변화라는 숲을 먼저 분석하여 우리가 집중해야 할 기회의 영역을 좁혀 나가는 과정입니다. 훌륭한 바텀업 분석 능력도 성장성이 없는 산업에 적용하면 그 노력이 헛수고가 될 수 있습니다.

이 장에서는 세상의 거대한 변화 속에서 우리가 가진 소중한 시간과 노력을 쏟을 가치가 있는 유망 산업을 선별하는 체계적인 방법을 제시할 것입니다. 이 과정을 통해 독자 여러분은 자신만의 투자 지도를 그리는 첫걸음을 내딛게 될 것입니다.

왜 거시적 분석이 선행되어야 하는가?

개별 기업을 분석하는 바텀업 방식은 매우 중요하지만, 그보다 거시적인 탑다운 분석이 먼저 선행되어야 합니다. 그 이유는 무엇일까요? 바로 투자 세계에서 가장 빠지기 쉽고 치명적인 퀄리티 함정을 피하기 위해서입니다.

아무리 뛰어난 기업이라도 서서히 침몰하는 산업에 속해 있다면 함께 가라앉을 수밖에 없습니다. 과거 필름 카메라 시장의 절대 강자였던 코닥을 생각해봅시다. 2000년대 초반까지만 해도 코닥은 세계적인 브랜드, 막대한 이익, 훌륭한 재무 상태를 자랑하는 우량 기업이었습니다. 바텀업 분석으로만 보면 매력적인 투자처였을지 모릅니다. 하지만 디지털이라는 거대한 기술의 변화는 필름 산업 전체를 소멸시켰고, 코닥의 강력했던 해자는 속수무책으로 무너졌습니다.

이러한 비극은 코닥에만 국한된 이야기가 아닙니다. 휴대폰 시장의 절대 강자였던 노키아 역시 마찬가지였습니다. 튼튼한 재무와 세계 1위 브랜드라는 강력한 해자를 가졌지만, 아이폰이 가져온 스마트폰이라는 혁신의 흐름 앞에서 속수무책으로 무너졌습니다. 한때 미국의 동네마다 있었던 비디오 대여점 블록버스터(Blockbuster)는 스트리밍이라는 새로운 비즈니스 모델이 등장했을 때, 그들의 거대한 오프라인 유통망은 더 이상 해자가 아닌 시대에 뒤처진 무거운 짐이 되어버렸습니다.

이 기업들은 모두 각자의 시대에 최고의 퀄리티 기업이었습니다. 하지만 이들의 실패는 우리에게 중요한 교훈을 줍니다. **개별 기업의 탁월함(바텀업)만으로는 거대한 산업 변화(탑다운)의 흐름을 거스를 수 없다는 것입니다.**

장기 성장 동력, '메가트렌드' 발굴법

거시적 분석이 중요하다고 해서 매일 발표되는 경제 지표를 모두 예측하고 대응해야 한다는 의미는 아닙니다. 우리가 찾아야 할 것은 단기적인 경기 변동이 아닌, 10년 이상 세상을 구조적으로 바꾸는 거대한 흐름, 즉 '메가트렌드(Megatrend)'입니다.

이러한 메가트렌드는 소음처럼 사라지지 않고, 특정 산업의 수요를 장기간에 걸쳐 꾸준히 증가시키는 역할을 합니다. 저는 주로 다음 세 가지 관점에서 세상을 바꾸는 장기적인 변화를 포착하려 노력합니다.

장기 성장 동력 1. 기술의 변화

산업 지도를 새로 그리는 동력으로 기술의 변화는 가장 강력하게 산업의 흥망성쇠를 결정하는 요인입니다. 여기서 중요한 것은 단순히 새로운 제품이 아니라, 산업의 구조와 세상의 작동 방식을 근본적으로 바꾸는 패러다임의 전환을 읽어내는 것입니다.

[핵심 질문]
"이 기술이 등장하기 전과 후로 세상이 명확하게 나뉘는가?"
"이 기술이 기존에 없던 새로운 산업 생태계를 창출하고 있는가?"

[주요 분석 대상]

- **인공지능(AI):** 직접적인 AI 소프트웨어 기업뿐만 아니라, AI를 구동하기 위해 필수적인 데이터센터, 전력 인프라, 고성능 반도체 등 기반 산업
- **바이오테크놀로지:** 유전자 편집, 세포 치료제 등 과거에는 불가능했던 질병 치료의 영역을 여는 기술
- **자동화(Automation):** 로봇, 스마트 팩토리 등 생산성과 효율성을 극대화하는 기술
- **우주산업:** 저궤도 위성 통신 등 차세대 통신 경쟁과 저렴해진 위성 발사 비용으로 인한 새로운 서비스 등장

장기 성장 동력 2. 인구 구조의 변화

가장 예측 가능한 미래 인구 구조의 변화는 매우 서서히 진행되지만, 그 방향성이 명확하고 거스를 수 없기에 가장 예측 가능성이 큰 투자 아이디어의 원천이 됩니다.

[핵심 질문]

"사회가 늙어감(고령화)에 따라 반드시 커질 수밖에 없는 시장은 무엇인가?"

"가구 구성의 변화(예: 1인 가구 증가)는 어떤 새로운 소비 형태를 만들어내는가?"

[주요 분석 대상]

- **헬스케어:** 제약, 의료기기, 만성질환 관리 등 고령층의 의료 수요 증가와 관련된 산업
- **반려동물 관련 산업(펫코노미):** 반려동물을 가족처럼 여기는 문화가 확산하면서 꾸준히 성장하는 사료, 용품, 의료 서비스
- **실버 산업:** 노년층을 위한 요양 서비스, 실버타운, 여가, 자산 관리 등

장기 성장 동력 3. 사회·정책의 변화

새로운 규칙과 기회 사람들의 가치관 변화와 정부의 정책 방향은 특정 산업의 성장을 강제하거나 새로운 시장을 열어주는 중요한 동력으로 작용합니다.

[핵심 질문]

"정부의 장기적인 정책 방향(예: 국방, 인프라 투자)이 강력하게 지원하는 산업은 어디인가?"

"환경, 안전 등 사회적 가치관의 변화가 만들어내는 새로운 규제와 그로 인한 수혜 산업은 무엇인가?"

[주요 분석 대상]

- **에너지 전환:** 친환경 에너지(태양광, 풍력) 인프라, 에너지 저장

시스템(ESS), 폐기물 처리 등
- **공급망 재편(지정학적 변화)**: 특정 국가에 대한 의존도를 낮추려는 리쇼어링, 프렌드쇼어링(기업의 서비스 기능을 본국과 협력 관계에 있는 동맹국에 아웃소싱하는 것) 정책으로 수혜를 받는 자동화 설비 및 인프라 산업
- **건강 및 웰니스**: 삶의 질을 중시하는 트렌드에 따라 성장하는 건강기능 식품, 유기농 식품, 피트니스 산업
- **지정학적 긴장**: 러시아-우크라이나 전쟁 이후 불안한 국제 정세에 대비한 각국의 국방비 증액

실전: 정보 수집과 분별법

세상을 바꾸는 메가트렌드를 이해했다면 이제 실제 투자 아이디어로 연결하기 위한 정보 수집 및 분별 단계가 필요합니다. 훌륭한 투자 아이디어는 막연한 예상이 아닌, 양질의 정보를 꾸준히 습득하고 자신만의 기준으로 가공하는 과정에서 탄생합니다.

어디에서 정보를 얻는가: 주요 정보 소스

저는 주로 다음의 정보 소스를 활용하여 장기적인 트렌드를 파악하고 투자 아이디어를 얻습니다.

- **정부 및 공공기관 보고서:** 한국은행, KDI(한국개발연구원), 통계청 등에서 발표하는 경제 전망, 인구 구조 추계, 산업 동향 보고서는 편향 없이 신뢰할 수 있는 데이터의 원천입니다. 특정 산업에 대한 정부의 장기 육성 계획이나 정책 방향을 파악하는 데도 필수적입니다.

- **글로벌 컨설팅펌 및 리서치 기관:** 맥킨지(McKinsey), 보스턴컨설팅그룹(BCG), 가트너(Gartner) 등 세계적인 기관들이 발표하는 리포트는 특정 기술이나 산업의 미래에 대한 깊이 있는 인사이트를 제공합니다.

- **글로벌 투자은행(IB) 리포트:** 골드만삭스, 모건스탠리 등 주요 투자은행의 리서치 부서는 특정 산업과 기업에 대한 가장 상세한 분석 자료를 내놓습니다. 목표 주가 등은 참고만 하되, 그들이 어떤 논리로 해당 산업을 긍정적으로 보는지 파악하는 것이 중요합니다.

- **공신력 있는 경제 언론:** 월스트리트저널(WSJ), 파이낸셜타임스(FT), 이코노미스트(The Economist) 등은 단기적인 뉴스를 넘어, 세상을 움직이는 구조적인 변화에 대한 수준 높은 분석을 제공합니다.

- **기업들의 실적 발표:** 기업들이 발표하는 실적 발표에는 신규 사업 진출, M&A, 투자 등의 발표와 애널리스트 질의응답 시간이 있습니다. 컨퍼런스 콜에서 많은 인사이트를 얻을

수 있어서 중요한 기업들의 실적 발표는 나중에라도 꼭 확인해야 합니다.

어떻게 정보를 분별할 것인가: 소음과 신호 구분법

정보의 양이 폭발하는 시대에 정보 수집 능력보다 더 중요한 것은 불필요한 정보를 걸러내는 '정보 분별 능력'입니다. 우리는 단기적이고 감정적인 '소음(Noise)'과 장기적이고 구조적인 '신호(Signal)'를 구분해야 합니다.

[소음과 신호를 구분하는 법]

구분	소음(Noise): 무시해야 할 것	신호(Signal): 집중해야 할 것
시간 관점	단기적, 일시적(예: 하루짜리 이슈)	10년 이상 지속될 구조적 변화
영향 범위	특정 기업이나 사건에 국한됨	산업 및 사회 전반의 패러다임을 바꿈
성격	감정적, 자극적	논리적, 데이터 기반
예시	"A 기업 분기 실적 쇼크", "유명인의 발언"	"고령화에 따른 헬스케어 수요의 구조적 증가"

양질의 정보 채널을 통해 꾸준히 정보를 얻고, 소음과 신호를

구분하는 훈련을 반복하다 보면, 남들보다 먼저 세상을 바꾸는 거대한 흐름을 포착하는 통찰력을 기를 수 있습니다.

결론: 탑다운 분석의 의의와 다음 단계

지금까지 우리는 장기적인 메가트렌드를 발견하고, 수많은 정보 속에서 유의미한 신호를 찾아내는 방법을 배웠습니다. 다시 한번 강조하지만, 탑다운 분석의 목표는 미래를 완벽하게 예측하는 것이 아닙니다.

탑다운 분석의 진짜 의의는 쇠퇴하는 산업에 속한 좋은 기업에 투자하는 치명적인 **퀄리티 함정**을 피하고, 구조적인 순풍이 부는 산업에 집중함으로써 우리의 **성공 확률을 극대화**하는 데 있습니다. 이는 한정된 시간과 자본을 어디에 사용해야 할지 알려주는 가장 효과적인 필터링 과정입니다.

이제 우리는 투자하기에 유망한 산업을 선별하는 방법을 살펴보았습니다. 수천 개의 기업 중에서 우리가 집중해야 할 소수의 후보군을 추려내는 것입니다. 하지만 우리의 분석은 여기서 끝이 아닙니다. 진짜 정교한 작업은 이제부터 시작입니다.

다음 2부에서는 이렇게 선별된 산업 내에서 과연 어떤 기업이 위대한 기업이 될 자격이 있는지 가려내는 **바텀업** 분석의 세계로 들어갑니다. 기업의 재무 상태, 경쟁력, 그리고 경영진을 하나씩 해부하며 위대한 기업의 조건을 찾아내는 구체적인 여정을 시작하겠습니다.

2부

무엇이
위대한 기업을 만드는가

1부에서 우리는 '어떤 길'을 가야 하는지 선택했습니다. 변동성에 휘둘리는 트레이더가 아닌, 시간과 함께 성장하는 훌륭한 기업의 동업자가 되기로 결심한 것입니다. 그렇다면 이제부터는 '어떻게' 그 길을 걸어갈 것인지, 그 구체적인 방법론을 이야기해야 합니다. 그 첫걸음은 가장 중요하고도 어려운 질문에서 시작됩니다.

"수많은 기업 중에서 무엇이 평범한 기업과 '위대한 기업'을 가르는 결정적인 차이를 만드는가?"

우리는 일상에서 위대한 기업들을 쉽게 만납니다. 손에 든 스마트폰, 매일 아침 마시는 커피, 즐겨 신는 운동화 속에서 말이죠. 이들 기업은 어떻게 우리 삶에 깊숙이 들어와 오랫동안 사랑받고, 경쟁자들의 끊임없는 도전을 이겨내며 시장을 지배할 수 있었을까요?

지난 수년간 수많은 기업의 성공과 실패 사례를 분석하며 제가 내린 결론은 모든 위대한 기업은 예외 없이 세 개의 단단한 기둥 위에 서 있다는 것입니다. 바로 1) 숫자로 증명하는 재무적 퀄리티, 2) 경쟁자를 막아내는 압도적인 경쟁 우위(경제적 해자), 그리고 3) 이 모든 것을 지휘하는 탁월한 경영진입니다.

'재무'는 기업의 **과거와 현재**를 증명하는 정직한 성적표이며, '경제적 해자'는 그 성적이 **현재까지** 지속될 수 있었던 근본적인 이유입니다. 그리고 '경영진'은 그 모든 것을 바탕으로 기업의 미

래를 만들어갈 사람에 대한 이야기입니다.

  이제부터 우리는 2부의 각 장을 통해 이 세 가지 기둥을 하나씩 해부하며, 위대한 기업의 비밀을 파헤치는 여정을 시작하겠습니다. 뜬구름 잡는 이론이 아닌, 내일 당장 여러분의 투자 노트를 채울 수 있는 구체적인 질문과 체크리스트를 함께 만들어갈 것입니다.

5장

재무제표:
어떤 산업을 보느냐에 따라 재무 분석의 '주안점'이 달라진다

훌륭한 재무제표의 기준은 모든 산업에 동일하게 적용되지 않습니다. 탑다운 퀄리티 투자의 첫 번째 엔진인 탑다운 분석을 통해 어떤 산업을 선택했느냐에 따라, 우리는 두 번째 엔진(바텀업)으로 재무제표를 분석할 때 더 집중해서 봐야 할 항목이 달라집니다.

예를 들어, 탑다운 분석을 통해 '클라우드 컴퓨팅' 산업의 성장성을 확신했다고 가정해봅시다. 이 산업은 막대한 초기 서버 투자가 필요하고 경쟁이 치열합니다. 따라서 이 산업 내 기업을 분석할 때는 단순히 매출 성장률만 볼 것이 아니라, 잉여현금흐름(FCF)과 자본적 지출(CAPEX)을 더욱 면밀히 살펴봐야 합니다. 꾸준한 잉여현금흐름을 창출하며 자본적 지출을 효율적으로 통제하는 기업이야말로 진정한 승자가 될 가능성이 크기 때문입니다.

반면, '명품 소비재' 산업을 유망하게 보았다면 어떨까요? 이 산업에서는 높은 매출총이익률과 판매관리비 내역이 중요합니다. 높은 이익률은 강력한 브랜드 파워를 의미하며, 광고선전비 등 판매관리비 지출은 브랜드 가치를 유지하기 위한 필수 투자이기 때문입니다.

이처럼 탑다운 분석으로 산업의 본질을 먼저 이해하면 바텀업 분석을 통해 어떤 기업이 그 산업에 최적화된 재무 구조를 가졌는지 훨씬 정교하게 판단할 수 있습니다.

[산업별 핵심 재무 지표(예시)]

산업 유형	산업의 본질	핵심 관찰 지표
클라우드/SaaS	초기 대규모 투자 후 장기적인 구독 현금흐름 창출	잉여현금흐름(FCF) 마진, 자본적 지출(CAPEX) 통제 능력, 고객 이탈률(Churn Rate)
명품 소비재	강력한 브랜드 파워를 기반으로 한 '가격 결정력'	높고 안정적인 매출총이익률, 판매관리비(SG&A) 집행 효율성
장치/인프라 산업	대규모 수주 기반의 장기 프로젝트 수행	투하자본이익률(ROIC) > 가중평균자본비용(WACC), 미래 실적의 가늠자인 수주잔고(Order Backlog)

재무제표라는 말만 들어도 머리가 지끈거리는 분들이 많을 겁니다. 하지만 겁먹을 필요 없습니다. 우리는 회계사가 되려는 것이 아닙니다. 재무제표는 기업 활동의 결과를 보여주는 '언어'이자, 기업의 과거 성과와 현재가 기록된 일기와 같습니다. 모든 항목을 다 알 필요는 없습니다. 몇 가지 핵심 지표만으로도 기업의 진짜 실력을 추정할 수 있습니다.

재무제표의 3요소인 손익계산서, 재무상태표, 현금흐름표는 각각 독립된 보고서가 아니라, 서로 긴밀하게 연결되어 기업의 이야기를 입체적으로 들려줍니다. 저는 다음 네 가지 핵심 질문을 통해 기업의 재무적 퀄리티를 종합적으로 판단합니다.

첫째, 수익성 분석
"이 회사는 얼마나 '효율적'으로 돈을 버는가"

퀄리티 기업의 가장 중요한 특징은 꾸준하고 효율적으로 이익을 창출하는 능력입니다. 이를 판단하기 위해 우리는 사용자본이익률(ROCE)과 투하자본이익률(ROIC)이라는 두 가지 핵심 지표를 살펴봐야 합니다. ROCE(Return on Capital Employed)는 기업이 실제 영업활동에 투입한 자본으로 얼마나 많은 영업이익을 창출했는지 보여주는 지표입니다. 이는 주주자본뿐만 아니라 부채까지 활용한 수익성을 나타내기에 기업의 본질적인 수익 창출 능력을 보여줍니다. ROIC(Return on Invested Capital) 역시 기업이 빌린 돈(부채)까지 포함한 전체 자본의 운용 효율성을 보여준다는 점에서 유사합니다. 저는 두 지표 모두 중요하게 생각합니다.

여기서 한 걸음 더 나아가 기업이 자본을 조달하는 데 드는 비용인 '가중평균자본비용(WACC, Weighted Average Cost of Capital)'을 봐야 합니다. 기업이 가중평균자본비용보다 더 높은 수익률(ROIC)을 낼 때 비로소 진정한 의미의 경제적 가치를 창출하고 있다고 말할 수 있기 때문입니다. 중요한 것은 특정 해에 반짝 높았던 수치가 아니라, 지난 5~10년간 경제 사이클의 부침 속에서도 꾸준히 높은 수준(가령 15% 이상)을 유지했는지 여부입니다. 다만 개인 투자자가 모든 기업의 WACC를 계산할 수 없기 때문에 스스로의 요구수익률을 기준 삼아 그것보다 높은 ROIC를 꾸준히 유지했는지 여부를 확인해야 합니다. 마찬가지로, 제품 자체의 경쟁력을 보여주는 매출총이익률과 기업의 전반적인 운영 효율성을 나타내는 영업이익률이 높고 안정적으로 유지되는지도 확인해야 합니다.

쉽게 이야기하면 A라는 회사가 은행으로부터 1,000만 원의 자본을 6%의 이율로 빌려서 투자를 진행하고 다음 해에 100만 원의 매출이 발생했다면 표면상 10%의 이익을 남긴 것이지만 실제로는 이자 비용 60만 원을 제외하고 남은 40만 원인 4%의 이익을 남겼다는 의미입니다.

실제로는 여러 가지 변수가 더 있지만 간단히 말해 이자비용보다 더 많은 이익을 남겨야 한다는 의미입니다.

[심화 학습]
ROCE, ROIC와 WACC: 진정한 가치 창출 지표

퀄리티 기업의 수익성을 더 깊이 이해하려면 투하자본이익률(ROIC)을 가중평균자본비용(WACC)과 비교해야 합니다. ROIC는 기업이 영업활동에 투입한 총자본으로 벌어들인 이익률이며, WACC는 기업이 자본을 조달하는 데 드는 평균 비용(즉, 투자자들이 최소한 기대하는 수익률)입니다.

ROIC가 WACC보다 높을 때, 기업은 비로소 진정한 의미의 경제적 가치를 창출하고 있다고 말할 수 있습니다. 이 차이(Spread)가 크고 지속적일수록 그 기업의 경제적 해자가 강력하다는 핵심적인 증거가 됩니다. WACC를 개인 투자자가 직접 계산하는 것은 매우 복잡하고 여러 추정이 필요합니다. 따라서 이 책에서는 공식을 외우거나 직접 계산하는 것보다 'ROIC가 WACC보다 높은가?'라는 개념을 이해하는 것에 집중하는 것을 권장합니다.

ROIC(Return on Invested Capital, 투하자본이익률) **공식**
ROIC = 세후영업이익(NOPAT) / 투하자본(Invested Capital)
- 세후영업이익(NOPAT): 기업이 순수 영업활동으로 벌어들인 이익에서 세금을 뺀 값입니다[영업이익 × (1−법인세율)].

- 투하자본(Invested Capital): 기업이 영업활동을 위해 투입한 총자본입니다[총자산-비영업자산].

ROCE(Return on Capital Employed, 사용자본이익률)
ROCE = 영업이익(EBIT) / 사용자본(Capital Employee)
- 사용자본(Capital Employed): 기업이 실제 영업활동에 투입한 자본입니다[총자산-유동부채].
- ROCE는 세전 기준으로 기업의 순수한 영업 효율성을 보여주는 지표입니다.

둘째, 현금흐름 분석
"장부상 이익은 진짜 '현금'인가"

회계상 이익은 때로 착시를 일으킬 수 있지만, 실제로 기업의 통장에 들어오고 나간 현금은 거짓말을 하지 않습니다. 현금은 기업에게는 혈액과도 같습니다. 기업이 사업으로 벌어들인 현금에서 설비 투자 등 필수 비용을 제외하고 남은 잉여현금흐름이 꾸준히 창출되고 증가하는지 반드시 확인해야 합니다. 이 잉여현금흐름이야말로 빚을 갚고, 배당을 주고, 새로운 사업에 투자하는 등 주주 가치를 높이는 활동의 원천이기 때문입니다.

[심화 학습]
영업활동현금흐름과 잉여현금흐름, 무엇이 숫자를 결정하는가?

- **영업활동현금흐름(OCF)의 구성**: 영업활동현금흐름은 기업이 순수 영업활동을 통해 얼마나 많은 현금을 창출했는지 보여줍니다.

  당기순이익(Net Income)
  (+) 비현금성 비용(실제 현금 지출이 없는 비용, 예: 감가상각비)
  (±) 운전자본의 변동(예: 매출채권/재고자산 증가는 현금 감소, 매입채무 증가는 현금 증가)
  = 영업활동현금흐름

- **잉여현금흐름(FCF)의 구성**: 잉여현금흐름은 영업활동으로 번 현금에서 미래 성장을 위한 필수 투자를 제외하고 남은 '진짜 잉여현금'입니다.

- 영업활동현금흐름
  (−) 자본적 지출(CAPEX): 미래 성장을 위한 필수 투자(예: 공장 증설, 설비 구입)
  = 잉여현금흐름

이 잉여현금흐름이야말로 회사가 모든 활동을 마치고 주주와 채권자를 위해 자유롭게 쓸 수 있는 '진짜 현금'입니다.

'좋은 이익'과 '나쁜 이익'을 구별해야 합니다. 벌어들인 순이익 중에서 잉여현금흐름으로 전환되는 비율이 낮거나 변동이 크다면 이익의 질이 낮다는 신호입니다. 특히 다음과 같은 '함정'이 숨어 있을 수 있으니 주의해야 합니다.

- 공격적인 매출 인식: 아직 현금으로 받지 않은 외상 매출을 너무 많이 장부에 기록하는 경우
- 비용의 과도한 자본화: 미래에 발생할 비용을 당장 처리하지 않고 자산으로 잡아 이익을 부풀리는 경우
- 운전자본 관리 실패: 팔리지 않는 재고자산이 과도하게 쌓이거나, 회수가 불확실한 매출채권(받을 돈)이 급증하는 경우
- 일회성 이익 착시: 부동산 매각 이익처럼 반복되지 않는 이익으로 전체 실적이 좋아 보이는 경우

셋째, 안정성 분석
"위기가 닥쳐도 버틸 체력이 있는가"

아무리 이익을 잘 내는 기업도 위기가 닥쳤을 때 버틸 체력이 없다면 소용없습니다. 특히 탑다운 분석을 통해 경제 전반에 역풍이 불 것으로 예상될 때, 안정성 지표는 투자의 가장 중요한 첫 번째 필터가 됩니다.

먼저 부채 수준을 점검해야 합니다. 일반적으로 부채비율은 100% 미만이면 괜찮다고 보지만, 더 중요한 것은 실질적인 빚의 크기를 보여주는 순부채비율입니다. 순부채비율이 낮거나 마이너스('순현금' 상태)라면 재무 위험이 매우 낮다고 평가할 수 있습니다. 낮은 부채비율은 어려운 시기에 생존력을 높여줄 뿐만 아니라, 좋은 기회가 왔을 때 과감하게 투자할 수 있는 유연성을 제공합니다. 또한, 빚을 갚을 능력을 더 직접적으로 보여주는 이자보상배율도 살펴봐야 합니다. 영업이익으로 이자를 충분히 감당하고도 남는지 확인하는 것은 필수입니다.

넷째, 성장성 및 종합 분석
"미래를 기대할 수 있는가"

과거 실적이 아무리 좋아도 미래 성장 가능성이 없다면 매력적인 투자 대상이 되기 어렵습니다. 중요한 것은 단순히 성장하는 것이 아니라 지속 가능하면서도 이익을 내는 성장인지 여부입니다.

성장을 이끄는 힘이 시장 전체의 확장인지, 시장 점유율 상승인지, 가격 인상인지, 아니면 신제품 출시인지 등을 파악해야 합니다. 특히 다른 회사를 인수합병해서 이룬 성장이 아닌, 회사

자체의 힘으로 이룬 유기적 성장이 함께 나타나는지 확인해야 합니다.

마지막 단계는 '상대 평가'입니다. 탑다운 분석으로 유망한 산업을 골라냈다면, 그 산업 내 경쟁 기업들의 재무 지표를 나란히 놓고 비교하여 상대적인 강점과 약점을 평가해야 합니다. 예를 들어, 글로벌 스포츠 의류 산업에 관심이 생겼다고 가정해봅시다. 우리의 분석 대상은 업계의 두 거인, 나이키(Nike)와 아디다스(Adidas)입니다. 두 회사의 핵심 지표를 다음과 같이 나란히 놓고 비교하면, 보이지 않던 것들이 보이기 시작합니다.

[산업 내 경쟁 기업들의 상대평가]

주요 지표	나이키(Nike)	아디다스(Adidas)	분석 포인트
투하자본이익률(ROIC) 1년, 5년 평균	16.2%, 26.8%	9%, 4.5%	나이키의 자본 효율성이 압도적인 이유는?
매출총이익률	42.7%, 44.36%	51%, 49.46%	원가 구조는 아디다스가 더 좋을 수 있다.
재고자산회전일 1년, 5년 평균	103.3일, 105.8일	145.1일, 152.9일	나이키의 재고 관리가 더 효율적이다. 그 이유는?

"나이키의 이익률이 더 높은 이유는 무엇인가? 아디다스의 재고는 왜 더 많을까?" 이 질문들에 대한 답을 찾아가는 과정이 바

로 기업의 본질, 즉 '경제적 해자'에 더 가까이 다가가는 길입니다.

재무 분석에서 가장 중요한 것은 특정 시점의 숫자에만 얽매이지 않고, 지난 5년에서 10년간의 장기적인 흐름과 꾸준함을 파악하는 것입니다. 숫자를 통해 기업의 비즈니스 모델이 얼마나 견고한지, 위기에 얼마나 강한지, 그리고 미래를 위해 얼마나 준비되어 있는지를 입체적으로 이해할 때, 비로소 우리는 다음 단계로 나아갈 수 있습니다.

그렇다면 이런 훌륭한 숫자는 어디에서 오는 걸까요? 그 비밀은 바로 다음 장에서 다룰 경제적 해자에 있습니다.

6장

경제적 해자
산업의 지형이 해자의 종류를 결정한다

   경제적 해자(Economic Moat)는 기업이 스스로 파는 것이기도 하지만, 그 기업이 속한 산업의 구조적 특성에서 비롯되는 경우가 많습니다. 따라서 탑다운 분석으로 어떤 산업을 선택했느냐에 따라 우리가 중점적으로 찾아야 할 해자의 종류와 깊이가 달라집니다.

   만약 탑다운 분석을 통해 통신 산업을 긍정적으로 봤다면, 우리는 바텀업 분석에서 '전환 비용'과 '네트워크 효과'라는 해자에 집중해야 합니다. 한번 가입한 통신사를 바꾸는 것은 번거롭고, 사용자가 많을수록 통화 품질과 서비스가 좋아지기 때문입니다. 반면, 폐기물 처리 산업을 골랐다면 '정부 규제 및 인허가'라는 진입장벽이 가장 강력한 해자가 될 것입니다.

5장에서 우리는 숫자를 통해 재무적으로 튼튼한 기업을 고르는 법을 배웠습니다. 그렇다면 한 가지 질문이 남습니다. "그 훌륭한 숫자는 대체 어디에서 오는가?" 퀄리티 기업의 뛰어난 재무 성과는 10년 이상 꾸준히 지속되는데, 그 비결은 바로 경제적 해자에 있습니다.

[산업 유형별 핵심 해자 분석 예시]

산업 유형 (탑다운 분석 결과)	핵심 해자 유형	분석 포인트	대표 기업 예시
플랫폼 비즈니스 (소프트웨어, 이커머스)	네트워크 효과, 전환 비용	사용자가 많아질수록 서비스 가치가 기하급수적으로 증가하는가? 고객이 경쟁사로 이동하는 데 유형/무형의 비용이 발생하는가?	마이크로소프트, 카카오, 메르카도리브레
B2B 장치/소재 산업 (반도체, 철강 등)	규모의 경제 프로세스 파워, 핵심 자원	압도적인 생산량으로 원가 경쟁력을 확보했는가? 모방 불가능한 제조 공정을 가졌는가? 독점적인 기술이나 특허를 보유했는가?	TSMC, ASML, 포스코
B2C 소비재 산업 (명품, 식음료)	브랜드, 역 포지셔닝	소비자가 기꺼이 더 높은 가격을 지불하게 만드는 무형의 힘이 있는가? 기존 강자들이 쉽게 따라 할 수 없는 새로운 방식으로 시장을 공략하는가?	에르메스, 코카콜라, 넷플릭스

재무제표의 숫자가 기업의 과거 성적표라면, 경제적 해자는 그 성적을 계속 잘 받을 수밖에 없는 근본적인 이유입니다. 경제적 해자를 설명하는 모델은 여러 가지가 있습니다. 그럼에도 제가 이 장의 핵심 분석 도구로 해밀턴 헬머의 '7가지 힘(7 Powers)'을 선택한 데는 명확한 이유가 있습니다. 기존의 많은 모델이 산업의 구조나 경쟁 상황을 분석하는 데 중점을 둔다면, 헬머의 7가지 파워는 "어떻게 특정 기업이 지속적으로 초과 이익을 얻을 수 있는가"라는 근본적인 질문에 직접적으로 답하기 때문입니다. 이는 우리가 5장에서 살펴본 뛰어난 재무 숫자들이 결코 우연이 아니며, 바로 이 7가지 힘 중 하나 혹은 그 이상의 결과물임을 명확히 보여줍니다.

이 7가지 힘은 위대한 기업들이 경쟁자를 물리치는 비밀 무기입니다.

경제적 해자 1. 규모의 경제(Scale Economies)

기업의 운영 규모가 커짐에 따라 단위당 평균 비용이 낮아지는 현상입니다. 이는 후발주자들이 쉽게 따라 할 수 없는 가격 경쟁력의 원천이 됩니다.

[사례 1] 코스트코(Costco)

코스트코는 상품 판매 이익률을 극단적으로 제한하고, 소수의 잘 팔리는 상품에만 집중하여 대량 매입으로 원가를 낮춥니다. 이렇게 얻은 비용 절감 효과를 소비자에게 돌려주고 오직 연회비로만 이익을 남깁니다. '코스트코는 무조건 싸다'라는 믿음은 더 많은 회원을 유치하고, 이는 다시 구매력을 높여 원가를 더 낮추는 강력한 선순환을 만듭니다.

[사례 2] 쿠팡(Coupang)

전국적인 자체 물류센터와 배송 인력이라는 천문학적인 초기 고정비 투자로 시작된 쿠팡의 '로켓배송'은 후발주자들이 쉽게 따라 할 수 없는 진입장벽이 되었습니다. 일단 인프라가 구축되면, 주문량이 늘어날수록 물품 하나를 배송하는 데 드는 단위당 비용은 급격히 낮아져 압도적인 비용 효율성과 속도를 만들어냅니다.

주의 사항: 이 해자는 진짜인가?

단순히 규모가 크다고 해서 해자가 되는 것은 아닙니다. 그 규모가 경쟁사 대비 지속 가능한 비용 우위로 이어지는지 확인해야 합니다. 만약 경쟁사 역시 비슷한 규모에 도달했거나, 새로운 기술의 등장으로 규모의 이점이 사라지고 있다면 그 해자는 약해지고 있는 것입니다. 때로는 거대한 규모가 오히려 비효율과 관료주의를 낳는 규모의 불경제(생산량이 늘어남에 따라 평균 비용이 늘어나는 현상)로 작용하기도 합니다.

경제적 해자 2. 네트워크 효과(Network Effects)

특정 제품이나 서비스의 가치가 그것을 사용하는 사람의 수가 늘어날수록 기하급수적으로 커지는 현상입니다. 사용자가 사용자를 끌어들이며 시장을 독점하는 '승자독식' 구조를 형성합니다.

[사례 1] 비자(Visa)

비자는 직접 카드를 발급하는 대신 전 세계 은행에 라이선스를 부여하는 '개방형 연합' 전략으로 소비자 네트워크와 가맹점 네트워크를 동시에 기하급수적으로 확장했습니다. 수십 년간 구축된 이 촘촘한 결제 네트워크는 후발주자가 따라잡기 불가능한 강력한 진입장벽입니다.

[사례 2] 메르카도리브레(MercadoLibre)

남미의 아마존으로 불리는 이 기업은 판매자와 구매자를 잇는 마켓플레이스 네트워크와 자체 결제 시스템 '메르카도 파고'라는 결제 네트워크의 이중 해자를 구축했습니다. 두 네트워크가 서로를 강화하며 남미 시장의 압도적인 지배자가 되었습니다.

주의 사항: 이 해자는 진짜인가?

모든 네트워크가 강력한 해자는 아닙니다. 사용자들이 여러 경쟁 플랫폼을 동시에 사용하는 '멀티호밍(Multi-homing)'이 쉽다면(예: 우버와 리프트 동시 사용) 네트워크 효과는 약해집니다. 그리고 더 강력한 네트워크를 가진 새로운 경쟁자가 나타났을 때, 기존 사용자들이 쉽게 이탈할 수 있다면 그 해자는 튼튼하지 않다는 신호입니다.

경제적 해자 3. 전환비용(Switching Costs)

고객이 현재 사용 중인 제품에서 경쟁사의 것으로 바꾸려 할 때 발생하는 모든 종류의 유형적, 무형적 비용과 노력을 의미합니다.

[사례 1] 마이크로소프트(Microsoft)

기업들이 MS오피스와 윈도우를 도입하면 직원들의 숙련도,

업무 프로세스, 기존 문서까지 모든 것이 MS 표준에 맞춰집니다. 다른 소프트웨어로 바꾸는 것은 단순한 프로그램 교체가 아니라, 기업의 업무 시스템 전체를 바꾸는 막대한 비용과 혼란을 감수해야 하는 일이 됩니다.

[사례 2] 인튜이트(Intuit)

미국 중소기업의 표준 회계 소프트웨어인 '퀵북스'에 한번 재무 기록을 쌓기 시작하면, 다른 프로그램으로 이전하는 것은 거의 불가능에 가깝습니다. 수년간의 데이터를 옮기는 기술적 문제뿐 아니라, 익숙한 업무 방식 자체를 바꿔야 하는 심리적 불편함까지 더해져 고객을 묶어두는 강력한 해자가 됩니다.

주의 사항: 이 해자는 진짜인가?

전환비용은 경쟁사가 제공하는 혜택보다 커야만 의미가 있습니다. 만약 경쟁사의 제품이 월등히 저렴하거나 혁신적이어서 소비자가 느끼는 전환의 번거로움을 상쇄하고도 남는다면 해자는 쉽게 무력화될 수 있습니다.

경제적 해자 4. 브랜드(Branding)

소비자의 마음속에 형성된 강력한 신뢰와 긍정적 인식입니다. 이를 통해 기업은 경쟁 제품 대비 높은 가격을 기꺼이 지불하게 만드는 힘, 즉 '가격 결정력'을 갖게 됩니다.

[사례 1] 에르메스(Hermès)

에르메스는 제품이 아니라 욕망과 희소성을 팝니다. 의도적으로 공급을 제한하여 명품 중의 명품이라는 독보적인 지위를 유지합니다. 가격이 비싸서 갖고 싶은 것이 아니라, 갖기 어렵기 때문에 더 비싼 가격을 지불할 수 있게 만드는 것입니다. 이는 열망과 가치를 파는 브랜드 파워의 정수입니다.

[사례 2] 랄프 로렌(Ralph Lauren)

폴로 셔츠가 아닌 '프레피', '아이비리그'와 같은 미국 상류층의 이상적인 라이프 스타일 이미지를 판매합니다. 소비자들은 그 이미지를 소비하고 소속감을 느끼기 위해 제품을 구매하며, 이는 강력한 감성적 연결고리를 형성합니다.

주의 사항: 이 해자는 진짜인가?

단순히 유명하다고 해서 해자가 되는 것은 아닙니다. 진짜 브랜드 해자인지 확인하려면 다음을 자문해야 합니다. "이 브랜드 때문에 소비자들이 경쟁 제품보다 더 비싼 가격을 기꺼이 지불하는가?" 또는 "이 브랜드가 있다는 사실만으로 소비자들이 다른 대안을 찾아보는 수고를 덜고 묻지도 따지지도 않고 구매하는가?" 이 질문들에 대한 답이 '아니오'라면 그것은 경제적 해자가 아닌 단순한 '인지도'입니다.

경제적 해자 5. 핵심 자원(Cornered Resource)

특정 기업만이 합법적이고 배타적으로 소유하거나 접근할 수 있는, 사업 운영에 필수적이고 가치 있는 자원을 의미합니다.

[사례 1] ASML

최첨단 반도체 생산에 필수적인 극자외선(EUV) 노광 장비를 독점적으로 생산합니다. 수십 년간의 연구개발과 관련 기업 인수를 통해 누구도 복제할 수 없는 기술적 핵심 자원을 확보했습니다. 최첨단 반도체를 만들려는 모든 기업은 반드시 ASML의 장비를 거쳐야만 합니다.

[사례 2] 노보 노디스크(Novo Nordisk)

비만 및 당뇨 치료제(오젬픽, 위고비)는 'GLP-1'이라는 특정 성분에 대한 강력한 물질 특허가 핵심 자원입니다. 이 법적 보호막은 유효 기간 동안 경쟁사의 진입을 원천적으로 차단하며 막대한 독점적 이익을 창출하는 해자 역할을 합니다.

주의 사항: 이 해자는 진짜인가?

그 자원이 정말로 독점적이며 대체 불가능한지, 그리고 그 독점력이 지속 가능한지 확인해야 합니다. 특허는 언젠가 만료되며, 특정 광산은 고갈될 수 있습니다. 자원의 지속 가능성이 해자의 깊이를 결정합니다.

경제적 해자 6. 프로세스 파워(Process Power)

기업이 특정 활동을 수행하는 과정 자체가 경쟁사보다 월등히 뛰어나고 모방하기 어려워 경쟁 우위가 되는 경우입니다. 오랜 시간과 경험을 통해 조직 내에 축적된 노하우가 핵심입니다.

[사례 1] TSMC

"고객과 절대 경쟁하지 않는다"라는 원칙 아래 수많은 팹리스

고객의 수천 가지 다른 반도체를 세계 최고의 수율과 정확한 납기로 생산해내는 압도적인 제조 프로세스를 구축했습니다. 이는 수십 년간 축적된 데이터와 고객 중심이라는 조직 문화가 결합한 결과입니다.

[사례 2] 유니클로(UNIQLO)

유니클로의 진짜 해자는 옷이 아니라 옷을 만드는 시스템 그 자체에 있습니다. 소재 회사와 협력하여 '히트텍' 같은 혁신 소재를 공동 개발하고, 유행을 타지 않는 기본 아이템을 1년 전부터 대량 생산하여 원가를 낮춥니다. 기획부터 판매까지 모든 과정을 직접 통제하는 고도로 통합된 이 시스템이 바로 유니클로의 해자입니다.

주의 사항: 이 해자는 진짜인가?

프로세스 파워는 외부에서 식별하기 가장 어려운 해자 중 하나입니다. "우리만의 뛰어난 방식이 있다"라는 주장이 진짜인지 확인하려면, 반드시 재무제표상에서 '지속적으로 더 높은 이익률'이나 '더 뛰어난 자본 효율성'으로 증명되고 있는지 확인해야 합니다. 숫자로 증명되지 않는 프로세스는 해자가 아닐 가능성이 큽니다.

경제적 해자 7. 역 포지셔닝(Counter-Positioning)

시장의 기존 강자들이 자신의 핵심 사업을 위협(자기 잠식)하게 되어 쉽게 따라 하기 어려운, 근본적으로 다른 사업 방식으로 경쟁 우위를 확보하는 전략입니다.

[사례 1] 에어비앤비(Airbnb)

호텔이 주목하지 않았던 '개인의 남는 방'을 숙소로 제공하며 새로운 시장을 창출했습니다. 힐튼 같은 호텔 대기업이 이를 직접 따라 하려면 자신들의 핵심 사업인 표준화된 객실 판매와 충돌하고 브랜드 이미지가 훼손될 수 있어 쉽게 대응하지 못했습니다.

[사례 2] 넷플릭스(Netflix)

넷플릭스가 스트리밍 사업을 시작했을 때, 디즈니 같은 기존 미디어 공룡들은 쉽게 따라 할 수 없었습니다. 스트리밍에 '올인'하는 것은 기존의 막대한 수익원인 극장 개봉과 케이블 TV 사업을 스스로 파괴하는 행위였기 때문입니다. 기존 강자들이 주저하는 동안, 넷플릭스는 새로운 시장의 지배자가 되었습니다.

주의 사항: 이 해자는 진짜인가?

역 포지셔닝은 종종 '시간 벌기' 전략일 수 있습니다. 기존 강자들이 결국 고통을 감수하고 경쟁에 뛰어들기로 결정했을 때 어떻게 방어할 것인지가 중요합니다. 경쟁자들이 주저하는 동안, 브랜드나 네트워크 효과 같은 또 다른 영속적인 해자를 구축했는지 확인해야 합니다.

영원한 해자는 없다

하지만 기억해야 할 것이 있습니다. 이 7가지 힘, 즉 경제적 해자 역시 영원하지 않다는 사실입니다. 기술의 변화와 새로운 경쟁자의 등장은 견고했던 성벽을 언제든 무너뜨릴 수 있습니다.

진정으로 위험한 것은 해자가 약해지는 것을 알아채지 못하거나, 더 나아가 해자라고 믿었던 것이 사실은 신기루에 불과했다는 점을 깨닫지 못하는 것입니다. 과거 시장을 지배했던 거인들의 역사는 우리에게 뼈아픈 교훈을 줍니다.

코닥: 성이 아니라, 성이 서 있던 '땅'이 무너진 경우

과거 필름 카메라 시장의 절대 강자였던 코닥은 강력한 브랜드와 전 세계에 깔린 현상 네트워크라는 프로세스 파워(Process

Power)를 가졌습니다. 그들의 해자는 견고해 보였습니다. 하지만 그 해자는 '화학 필름'이라는 땅 위에 세워져 있었습니다. '디지털'이라는 거대한 지각 변동이 일어나자 싸워보기도 전에 코닥의 해자는 땅과 함께 꺼져버렸습니다. 코닥의 실패는 개별 기업의 탁월함만으로는 거대한 산업 변화의 흐름을 거스를 수 없다는 것을 보여줍니다.

노키아: 다른 전쟁터에 해자를 판 경우

휴대폰 시장의 제왕이었던 노키아는 압도적인 규모의 경제(Scale Economies)와 브랜드를 바탕으로 난공불락의 요새를 구축했습니다. 문제는 그들이 '휴대폰 하드웨어'라는 전쟁터에서 해자를 파는 동안, 애플이 '스마트폰 생태계'라는 완전히 새로운 전쟁을 시작했다는 것입니다. 노키아의 강력한 해자는 새로운 전쟁터에서는 아무런 힘도 발휘하지 못하는 무용지물이었습니다.

블록버스터: 해자가 자산이 아닌 부채가 된 경우

미국 전역의 비디오 대여점 네트워크는 한때 강력한 규모의 경제 해자였습니다. 하지만 넷플릭스가 '스트리밍'이라는 새로운 방식으로 영화를 유통하기 시작하자, 이 거대한 오프라인 매장들은 더 이상 자산이 아닌, 막대한 유지비만 잡아먹는 부채이자 무거운 짐이 되어버렸습니다. 변화에 빠르게 대응하지 못하게 발목을 잡는 족쇄가 된 것입니다.

싸이월드(Cyworld): 국지적인 해자에 갇힌 경우

'도토리'와 '일촌'으로 대표되는 싸이월드는 대한민국 안에서 모든 인맥이 연결된 강력한 네트워크 효과를 자랑했습니다. 하지만 그 해자는 한국이라는 울타리 안에서만 유효했습니다. 개방성과 글로벌 연결성을 무기로 한 페이스북 같은 새로운 플랫폼이 등장하자, 국지적인 해자는 글로벌이라는 거대한 파도에 결국 잠식되고 말았습니다.

이처럼 해자는 끊임없이 관리하고 시대의 변화에 맞춰 재창조해야 하는 동적인 개념입니다.

그렇다면 이 소중한 해자를 지키고, 더 넓고 깊게 만드는 역할은 누가 할까요? 바로 다음 장에서 우리가 살펴볼 '경영진'입니다.

[7가지 경제적 해자]

경제적 해자	핵심 원리	대표 기업 사례
규모의 경제	클수록 비용이 낮아진다.	코스트코, 쿠팡
네트워크 효과	쓸수록 가치가 커진다.	비자, 메르카도리브레
전환비용	바꾸기 어렵고 귀찮다.	마이크로소프트, 인튜이트
브랜드	비싸도 기꺼이 사게 만든다.	에르메스, 랄프 로렌
핵심 자원	우리만 가지고 있다.	ASML, 노보 노디스크
프로세스 파워	우리만 이렇게 할 수 있다.	TSMC, 유니클로
역 포지셔닝	기존 강자는 따라 할 수 없다.	에어비앤비, 넷플릭스

7장

좋은 경영진:
산업의 성장 단계에 따라 필요한 리더십이 다르다

모든 상황에 완벽한 만능 경영진은 없습니다. 기업이 속한 산업의 성장 단계와 특성에 따라 요구되는 경영진의 역량과 덕목은 달라집니다.

신생 기술 산업(AI, 바이오)

탑다운 분석으로 이제 막 개화하는 신생 기술 산업을 선택했다면, 우리는 바텀업 분석으로 미래 비전을 제시하고 과감한 R&D 투자를 집행하는 **창업가형**(Visionary) 경영진을 찾아야 합니다. 단기적인 수익성 악화는 감수해야 할 수 있습니다. 초기 스타트업의 경우 창업가의 아이디어로부터 출발한 기업일 확률이 높기 때문에 그 회사의 사업과 아이템은 창업가가 제일 잘 알고 있습니다. 창업가의 아이디어가 시장에 적용되고 성장의 과정으로 가기 위해서는 여러 가지 시행착오를 겪어야 합니다. 그 과정에서 빠른 의사결정을 통해 신속한 결정이 이뤄져야 하기 때문에 창업가가 경영진으로 있는 것이 좋습니다.

성숙 안정 산업(음료, 통신)

반면, 성장이 정체된 안정적인 산업을 골랐다면, 창출된 현금을 배당이나 자사주 매입 등 주주가치를 극대화하는 방향으로 자본을 효율적으로 배분하는 능력을 갖춘 **관리자형**(Operator) 경영진이 더 적합할 수 있습니다. 초기 고속 성장 기업의 경우에는 빠른 의사결정, 새로운 아이디어 등 혁신적인 아이템으로 시장에서 성장하게 됩니다. 하지만 어떤 산업이든 시장의 크기는 무한하지 않기 때문에 시장의 크기, 경쟁사의 진입 등으로 인해 성장이 둔화됩니다. 핵심 키맨이 경영진인 경우 신사업, M&A 등으로 성장을 지속하기 위한 노력을 하지만, 기업의 규모가 커지고 조직이 복잡해지면 핵심 경영진이 회사의 모든 것을 컨트롤

하기 어려워집니다. 그러면 안정적인 조직관리가 중요해지면서 각 핵심 부서에 최고관리자(CMO, COO 등)를 배치하여 조직 간의 시너지를 유도하는 것이 중요합니다.

지금까지 우리는 훌륭한 재무 구조를 갖추고(5장), 깊고 넓은 경제적 해자를 두른(6장) 기업을 찾아내는 여정을 함께했습니다. 하지만 마지막으로 가장 중요한 질문이 남았습니다.
"그래서 이 기업을 이끄는 주체는 누구인가?"
경영진은 기업의 장기적인 성패를 좌우하는 가장 중요한 변수입니다.
경영진을 평가하는 것은 정답이 없는 예술의 영역에 가깝습니다. 하지만 우리는 몇 가지 핵심적인 질문을 통해 그들의 실력과 진정성을 가늠할 수 있습니다. 그러나 이처럼 산업의 특성에 맞는 리더십을 갖추는 것보다 더 근본적인 질문이 있습니다.

"그 리더십이 과연 회사를 올바른 방향으로 이끌고 있는가?"
아무리 재무가 탄탄하고 경제적 해자가 좋은 회사여도 경영진이 제대로 된 방향으로 가지 못한다면 회사의 경쟁력은 순식간에 사라지게 됩니다. 미국의 반도체 산업에서 절대 강자였던 인텔, 항공기 산업에서 독보적인 위치를 구가했던 보잉의 사례가 이를 증명합니다. 두 회사 모두 경영진의 치명적인 판단 오류로 인해 수십 년의 경쟁력을 상실했거나, 상실할 위기에 놓여 있습니다.

결국 아무리 훌륭한 자산과 경쟁력을 갖춘 기업이라도 최종적인 의사결정을 내리는 경영진이 무능하거나 잘못된 판단을 내린다면 그 가치는 훼손될 수밖에 없습니다. 기업의 장기적인 성패를 좌우하는 가장 중요한 변수가 바로 경영진이기 때문입니다.

위대한 기업 뒤에는 반드시 위대한 경영진이 있습니다. 그들은 경제적 해자를 더욱 깊게 파고, 변화하는 환경에서 전략의 방향을 설정하며, 주주의 부를 자신의 부처럼 소중히 다룹니다. 물론 여기서 '위대함'이 반드시 천재적인 창업자를 의미하는 것은 아닙니다. 창업자가 아니더라도, 주주의 이익을 자신의 이익처럼 여기고 충실히 대변하는 믿음직한 전문 경영인이라면 그 기업의 가치는 꾸준히 성장할 것입니다.

이제부터 우리는 이 경영진의 품격과 실력을 알아볼 수 있는 두 가지 핵심, 즉 '기업의 성장을 위한 실력'과 '주주를 위한 진정성'을 기준으로 구체적인 질문들을 던져보겠습니다.

기업의 성장을 위한 실력(Vision & Execution)

첫 번째는 경영진이 기업 자체를 성장시키는 실력을 갖췄는지 판단하는 것입니다. 아무리 주주 친화적이라도 사업을 성장시킬 능력이 없다면 의미가 없습니다. 우리는 경영진의 미래를 보는 비전과 그 비전을 현실로 만드는 실행력을 확인해야 합니다.

미래를 보는 비전: 시대의 흐름을 읽고 있는가?

위대한 경영진은 현재의 성공에 안주하지 않고, 다가올 미래의 변화를 먼저 읽고 회사의 방향키를 과감히 돌릴 줄 압니다.

[성공 사례]

2014년 사티아 나델라가 마이크로소프트의 CEO로 취임했을 때, 마이크로소프트는 '윈도우'라는 과거의 영광에 갇혀 모바일 시대에 뒤처지고 있었습니다. 나델라는 모바일 퍼스트에 집착하던 회사의 전략을 클라우드 퍼스트로 180도 전환했습니다. 이는 단순히 유행을 좇은 것이 아니라, 세상의 모든 데이터와 서비스가 클라우드로 이동할 것이라는 미래에 대한 깊은 인사이트가 있었기에 가능한 결정이었습니다. 이 과감한 비전 전환으로 마이크로소프트는 잠자던 공룡에서 AI 시대를 이끄는 거인으로 부활했습니다.

[실패 사례]

인텔의 과거 경영진과 달리 2010년대 인텔의 경영진은 PC 시대의 성공 방정식에 안주하여 모바일 혁명의 파도를 외면했습니다. 그들은 스마트폰용 저전력 칩 개발의 중요성을 과소평가했고, 결국 모바일 시장의 주도권을 완전히 놓치고 말았습니다. 이는 한때 업계의 절대 강자였던 기업도 경영진이 시대의 변화를 읽지 못하면 어떻게 경쟁력을 잃게 되는지를 보여주는 뼈아픈 교훈입니다.

비전을 현실로 만드는 실행력: 약속을 성과로 증명하는가?

아무리 좋은 비전도 실행되지 않으면 공허한 구호에 그칩니다. 훌륭한 경영진은 자신이 제시한 전략과 약속을 실제 숫자와 성과로 증명해냅니다.

[성공 사례]

2018년 래리 컬프(Larry Culp)는 GE의 CEO로 취임한 후 복잡하고 방만했던 'GE 제국'을 항공, 헬스케어, 에너지라는 3개의 독립된 전문 기업으로 분사하겠다는, 고통스럽지만 명확한 계획을 발표했습니다. 그리고 실제로 2023년 GE헬스케어, 2024년 GE버노바(에너지)의 분사를 성공적으로 완수하며 투자자들과의 약속을 지켰습니다. 이 강력한 실행력은 시장의 신뢰를 회복하고, 각 사업부의 숨겨진 가치를 드러내는 결정적인 계기가 되었습니다.

주주를 위한 진정성

두 번째는 경영진이 벌어들인 돈을 주주를 위해 얼마나 현명하고 정직하게 사용하는지, 즉 진정성을 갖추었는지 판단하는 것입니다.

최고의 시험대, 자본 배분 능력

워런 버핏이 CEO의 가장 중요한 임무라고 강조했던 자본 배분(Capital Allocation)은 경영진의 진정성을 판단하는 최고의 시험대입니다. 유능하고 정직한 경영진은 기업이 벌어들인 이익을 다음 다섯 가지 선택지 앞에서 장기적인 주주가치 극대화를 위해 사용합니다.

1. 핵심 사업에 재투자하기
2. 다른 기업을 인수하기(M&A)
3. 빚을 갚기
4. 주주에게 배당금으로 돌려주기
5. 자사주를 매입하기

하지만 위대한 경영진은 이 선택지들을 단순히 나열된 메뉴판처럼 보지 않습니다. 그들은 최고의 자본 배분이 고정된 공식이 아니라, 기업의 성장 단계와 처한 환경에 따라 끊임없이 진화해야 하는 지혜임을 이해합니다. 이러한 인사이트를 가장 극적으로 보여주는 교과서가 바로 버크셔 해서웨이의 역사입니다.

[사례 연구]
버크셔 해서웨이의 '자본 배분 진화'

초창기: 자본 경량(Capital-light) 기업으로 현금을 창출

초창기 버크셔는 시즈캔디(See's Candies)처럼 적은 자본 투자로 높은 투하자본이익률(ROIC)을 내는 자본 경량 기업들을 인수하는 데 집중했습니다. 이 기업들은 막대한 현금을 창출했지만, 추가적인 성장을 위해 큰돈을 재투자할 필요는 없었습니다. 버핏은 이 기업에서 창출되는 현금을 모회사인 버크셔로 보내게 했습니다. 그리고 그 돈으로 또 다른 훌륭한 기업을 사들이며 복리의 마법을 극대화했습니다.

성숙기: 자본 집약(Capital-heavy) 기업으로 현금을 흡수

하지만 버크셔가 거대해지면서 문제가 생겼습니다. 넘쳐나는 현금에 비해, 그 돈을 모두 투자할 만큼 매력적인 자본 경량 기업을 찾는 것이 불가능해진 것입니다. '코끼리를 사냥해야 하는데, 토끼 사냥용 총만 가진' 딜레마에 빠진 것입니다.

이때 버핏과 멍거는 자본 배분 전략을 180도 전환합니다. 그들은

BNSF(미국 최대 철도회사), 버크셔 해서웨이 에너지(미국 최대 전력 유틸리티 기업)처럼 사업 유지를 위해 막대한 자본 투자가 지속적으로 필요한 '자본 집약' 기업들을 인수하기 시작했습니다. 이 기업들은 ROIC 자체는 시즈캔디보다 낮았지만, 두 가지 장점을 가졌습니다.

첫째, 자본 집약적 기업들은 초기 투자에 많은 자본이 필요하기 때문에 해자가 튼튼합니다.
둘째, 철도와 전력망이라는 강력한 인프라 해자 덕분에 한번 투자하면 수십 년간 안정적인 수익을 보장해주었습니다.

버크셔의 사례는 우리에게 중요한 교훈을 줍니다. 최고의 자본 배분이란, 기업의 규모와 상황 변화에 맞춰 최적의 투자처를 찾아내는 유연한 사고 그 자체라는 것입니다.

반면, 서투른 경영진은 이러한 상황 변화를 읽지 못하고 과거의 성공 방식에만 집착하거나, 회사의 내실보다 외형 확장에 집착하는 제국 건설의 유혹에 빠집니다. 대표적인 사례가 바로 역사상 최악의 M&A로 꼽히는 2000년 AOL(American Online)의 타임워너 인수입니다. 당시 AOL 경영진은 서로 다른 기업의 문화를 고려하지 못하고 시너지 효과를 과대평가하여 터무니없이 비싼 가격에 타임워너를 인수했고, 이후 수백조 원에 달하는 주주가치를 파괴했습니다.

주주와 한 배를 탔는가: 이해관계의 일치

경영진이 우리와 같은 편인지 확인하는 가장 직접적인 방법은 그들의 이해관계가 주주와 일치하는지 살펴보는 것입니다.

- **합리적인 보상 체계:** 경영진의 보수가 단기적인 목표인 주가나 매출, EPS(주당순이익)가 아닌, ROIC와 같은 중장기적인 가치 창출 지표에 연동될수록 주주와 한 배를 탔을 가능성이 큽니다. 주가, 매출, EPS의 경우 단기적으로 또는 일회성으로 달성할 수 있는 손쉬운 지표입니다. 전문경영진의 경우 성과에 따라 보수를 받는 구조이기 때문에 단기적인 목표에만 집중하는 유혹을 받을 수 있습니다. 하지만 ROIC, ROCE(사용자본이익률), 마진관리 등은 단기적인 방법으로 달성하기 매우 어려우며 기업의 효율성을 높여야만 달성 가능하기에 경영진은 다방면으로 노력하게 됩니다.

- **내부자 매수:** 경영진이 꾸준히 자기 회사 주식을 사들이고 있다면, 이는 회사의 미래에 대한 강력한 자신감의 표현입니다. 나심 탈레브의 말을 인용하면 "Don't tell me what you think, just tell me what's in your portfolio"라는 말이 있습니다. '당신이 무엇을 생각하는지 말하지 말고 포트폴리오에 무엇이 있는지 말하라'는 의미입니다. 그렇기 때문에 경영진이 주식을 매수한다는 것은 회사의 성과에 경

영진의 성과와 자산을 연동한다는 의미로 향후 사업이 잘 될 것이라고 생각한다는 긍정적인 신호로 해석할 수 있습니다.

[경영진 분석을 위한 실전 도구]

이러한 실력과 진정성을 파악하기 위해 우리는 다음과 같은 도구를 적극적으로 활용해야 합니다.

- **주주 서한**(Shareholder Letter): 워런 버핏이나 제프 베이조스의 주주 서한처럼 위대한 경영진은 주주 서한에서 자신의 성공뿐 아니라 실패까지 솔직하게 고백하며 장기적인 비전과 철학을 공유합니다.
- **컨퍼런스 콜**(Conference Call): 애널리스트들의 날카로운 질문에 경영진이 어떻게 답변하는지를 통해 사업에 대한 이해도와 자신감, 그리고 정직성을 생생하게 확인할 수 있는 최고의 현장입니다.
- **사업보고서**(Annual Report): 특히 '경영진의 토론 및 분석(MD&A)' 섹션은 경영진이 직접 회사의 현황과 미래 계획을 설명하는 부분이므로 반드시 읽어야 합니다.
- **국내 투자자**: 국내 기업은 주주 서한을 발행하는 경우가 드뭅니다. 다만 전자공시시스템(DART)에 공시되는 사업보고

서의 '이사의 경영진단 및 분석의견' 항목이 유사한 역할을 합니다. 또한, 기업이 제공하는 IR 자료나 CEO 인터뷰 기사 등을 통해서도 경영진의 생각의 파편을 모을 수 있습니다. 국내 기업은 해외 기업과는 다르게 IR 담당자를 통한 직접적인 소통이 이루어지는 만큼 투자하는 기업의 IR을 통한 정보 수집도 중요합니다.

위대한 경영진이란 기업을 성장시킬 실력과 주주를 위한 진정성이라는 두 가지를 모두 갖춘 리더입니다. 실력 있는 동업자가 진정성까지 갖추었을 때 비로소 우리는 마음 편히 자본을 맡기고 시간과 함께 성장하는 동반자가 될 수 있습니다.

이제 우리는 위대한 기업의 세 가지 조건(재무, 해자, 경영진)을 모두 살펴보았습니다. 이 모든 조건을 만족하는 완벽한 기업을 찾았다면, 이제 남은 일은 단 하나입니다.

다음 장에서는 투자의 마지막 관문인 '가치평가(Valuation)'에 대해 이야기해보겠습니다.

8장

좋은 기업을 '좋은 가격'에 사는 법:
가치평가

지금까지의 과정을 통해 우리는 보석 같은 기업을 찾아냈습니다. 재무적으로 탄탄하고, 깊은 해자를 가졌으며, 훌륭한 경영진이 이끄는 그야말로 완벽에 가까운 기업입니다. 이제 남은 일은 매수 버튼을 누르는 것뿐일까요? 아닙니다. 투자의 성패를 가르는 마지막 질문이 남았습니다.

"그래서 얼마에 사야 하는가?"

좋은 기업을 찾았다고 해서 항상 좋은 투자로 이어지는 것은 아닙니다. 퀄리티 기업에 투자할 때 함정에 가장 빠지기 쉽습니다.

퀄리티 함정의 가장 교과서적인 대표 사례는 바로 2000년대의 마이크로소프트입니다. 1990년대 PC 혁명을 이끌며 세계 최고의 기업으로 군림했던 마이크로소프트는 닷컴 버블의 정점이었던 1999년 말, 그 누구도 부정할 수 없는 '최고의 퀄리티 기업'이었습니다.

문제는 그 이후에 발생했습니다. 마이크로소프트는 2000년대에도 여전히 훌륭한 기업이었습니다. 기업의 이익과 매출은 꾸준히 성장했습니다. 하지만 2000년에 최고점에서 마이크로소프트 주식을 산 투자자는 세계 최고의 기업과 동업하고 있었음에도 불구하고 10년이 넘는 시간 동안 돈을 거의 벌지 못했습니다. 왜일까요?

기업의 퀄리티는 훌륭했지만, 1999년의 주가에는 이미 향후 10년 치의 성장을 넘어 그 이상의 비현실적인 기대감까지 모두 반영되어 있었기 때문입니다. 즉, 퀄리티에 대한 가격이 너무나도 비쌌던 것입니다. 여기서 우리가 경계해야 할 함정은 높은 기대감이 주가를 끌어올렸거나, 뛰어난 과거 실적과 명성에 기댄 채 서서히 가라앉는, 또는 두 가지 모두인 퀄리티 함정입니다.

반대편의 함정: '퀄리티 함정'을 피하는 법

퀄리티 함정이란, 기업의 과거 실적과 현재의 해자는 의심할 여지 없이 훌륭하지만, 이미 성장이 정체되어 미래 기대수익률이 낮은 상태임에도 불구하고 '퀄리티 기업'이라는 명성에 기대어 투자했다가 장기간 시장 대비 저조한 성과를 내거나 막대한 기회비용을 잃는 상황을 의미합니다.

가장 대표적인 예로 2000년대 초반의 코카콜라(Coca-Cola)를 들 수 있습니다. 당시 코카콜라는 세계 최강의 **브랜드** 해자를

[그림 5] 1998년에 코카콜라 주식을 산 투자자는 10년이 넘는 시간 동안 거의 아무런 수익도 얻지 못했다

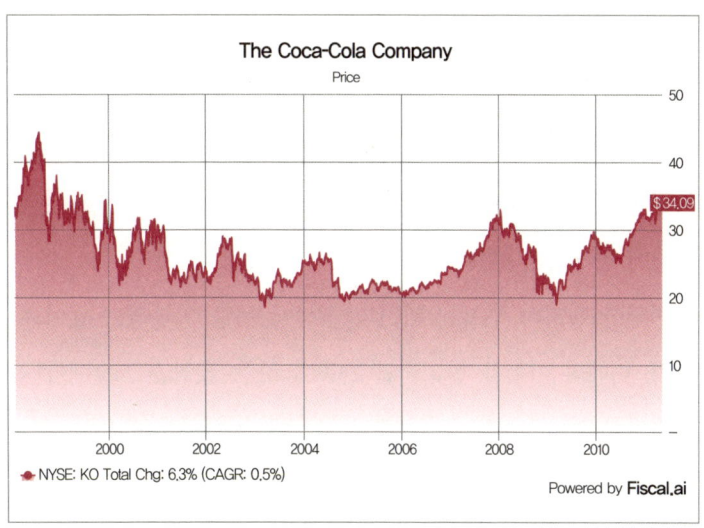

출처: Fiscal.ai

가진, 누구나 인정하는 최고의 퀄리티 기업이었습니다. 하지만 이미 전 세계 시장을 장악한 코카콜라에게는 더 이상 과거와 같은 폭발적인 성장을 기대하기 어려웠습니다. 기업은 여전히 매년 막대한 현금을 벌어들이고 있었지만, 기업의 성장은 시장의 성장률을 따라가기 벅찼습니다. 결과적으로, 1998년에 코카콜라 주식을 산 투자자는 10년이 넘는 시간 동안 거의 아무런 수익도 얻지 못했습니다.

이는 우리에게 매우 중요한 교훈을 줍니다. **뛰어난 기업이 항상 뛰어난 투자로 이어지는 것은 아니라는 것입니다.** 퀄리티는 투자를 위한 매우 중요한 '필요조건'이지만, 그것만으로는 충분하지 않습니다.

우리가 찾아야 할 것은 단순히 과거의 재무제표가 아름다운 기업이 아니라, 그 훌륭한 퀄리티를 바탕으로 '미래에도 지속 가능한 성장'을 만들어낼 수 있으며, 그 성장의 가치가 '**주가에 과도하게 반영되지 않은**' 기업입니다.

진정한 퀄리티 투자는 과거의 영광에 돈을 지불하는 것이 아니라, 미래의 가치를 합리적인 가격에 사는 것임을 기억해야 합니다.

"비싸게 사지 마라(Don't overpay)"는 퀄리티 투자의 핵심 원칙입니다. 이때 우리의 가장 중요한 안전장치가 되어주는 것이 바로 '안전마진(Margin of Safety)'입니다. 안전마진이란 우리가 평가한 기업의 내재가치와 현재 시장 가격과의 차이를 의미합니다. 이 차이가 클수록 우리의 투자는 더 안전해집니다.

가치평가는 과학이 아닌 예술

가치평가를 시작하기 전에 반드시 기억해야 할 것이 있습니다. 가치평가는 정밀한 숫자를 계산하는 과학이 아니라, 합리적인 범위를 추정하는 예술에 가깝다는 사실입니다. 우리의 목표는 기업의 가치가 정확히 105,200원이라고 맞추는 것이 아니라, '대략 9만 원에서 11만 원 사이의 가치를 가졌는데, 현재 시장 가격은 6만 원에 불과하군!'이라고 판단하는 것입니다.

이제 기업의 가치를 판단하는 두 가지 접근법, 즉 절대가치 평가와 상대가치 평가를 살펴보겠습니다.

기업의 본질적 가치를 계산하는 법: 절대가치 평가

만약 월 500만 원의 순이익을 내는 가게를 인수한다고 상상해봅시다. 얼마를 지불하겠습니까? 아마도 '앞으로 이 가게가 몇 년이나 꾸준히 돈을 벌 수 있을까?'를 계산해보고 인수 가격을 결정할 것입니다.

기업의 내재가치를 평가하는 것도 이와 같습니다. 대표적인 방법이 현금흐름할인법(DCF, Discounted Cash Flow)입니다. 이름은 어렵지만 개념은 간단합니다. '이 기업이 미래에 벌어들일 모든 현금의 총합을 현재 가치로 할인하면 얼마일까?'를 계산하는 것입니다.

"지금 100만 원을 받을래, 1년 뒤에 100만 원을 받을래?"라고 묻는다면 모두가 '지금'이라고 답할 겁니다. 왜일까요? 지금 받은 100만 원을 은행에 넣어두면 1년 뒤엔 이자가 붙어 103만 원(이자율 3% 가정)이 되기 때문입니다. 즉, 오늘의 100만 원은 1년 뒤의 103만 원과 같은 가치를 가집니다. 반대로 말하면, 미래의 돈은 현재의 돈보다 가치가 낮다(할인된다)는 의미입니다. 이것이 바로 '화폐의 시간 가치'이며, DCF의 핵심입니다.

[화폐의 시간 가치: 복리와 할인의 관계]

현재 → 미래: 복리(Compounding) 계산
현재 100만 원 → ×(1 + 이자율 3%) → 1년 후 103만 원

미래 → 현재: 할인(Discounting) 계산
1년 후 100만 원 → ÷(1 + 할인율 3%) → 현재 약 97만 원

그렇다면 이 DCF 계산을 위해 우리는 무엇을 알아야 할까요? 크게 두 가지만 기억하면 됩니다. 첫째는 기업이 미래에 벌어들일 잉여현금흐름이고, 둘째는 그 미래의 현금을 현재 가치로 가져올 때 적용할 할인율(WACC)입니다. 즉, '얼마나 벌 것인가'와 '얼마나 할인할 것인가'를 직접 '추정'해야 하는 것입니다.

[심화 학습]
WACC(가중평균자본비용)란 무엇일까요?

WACC(Weighted Average Cost of Capital)는 기업이 자금을 조달하는 데 드는 '평균 비용'을 의미합니다. 기업은 은행 같은 채권자에게 돈을 빌리기도 하고(타인자본), 주주들에게 투자를 받기도(자기자본) 합니다. WACC는 이 두 가지 자본의 비용을 각각의 비중에 따라 평균을 낸 값입니다.

WACC = (타인자본비용 × 부채 비중) + (자기자본비용 × 자본 비중)

개념은 명확하지만, 개인 투자자가 WACC를 직접 계산하기 어려운 이유는 '자기자본비용'을 구하는 것이 매우 복잡하기 때문입니다. 여기에는 무위험수익률, 시장기대수익률, 그리고 특정 기업의 주가가 시장 대비 얼마나 변동하는지를 나타내는 '베타(β)' 같은 수많은 추정치가 필요합니다.

이처럼 WACC는 여러 가정과 추정이 들어가는, 전문가들 사이에서도 의견이 갈리는 민감한 숫자입니다. **이것이 바로 우리가 이 책에서 더 단**

> 순하고 실용적인 '자신만의 요구수익률'을 대안으로 사용하는 이유입니다. 이는 '내가 위험을 감수하는 대가로 이 투자에서 최소한 얼마를 기대하는가?'에 대한 답입니다. 예를 들어, 안전한 국채에 투자하면 얻을 수 있는 수익률이 4%라면, 주식 투자에서는 그보다 높은 9% 또는 10%의 수익률을 요구하는 식입니다. 이 책에서는 복잡한 WACC 계산보다는 스스로 '나는 최소 연 10%의 수익을 원한다'와 같이 자신만의 요구수익률을 정하고, 이를 모든 투자의 할인율로 일관되게 적용하는 방법을 권장합니다. 이를 통해 모든 투자 기회를 동일한 잣대로 비교하고, 그 기준을 통과하는 훌륭한 기업에만 투자하는 원칙을 세울 수 있기 때문입니다.

자, 그럼 지금까지 이야기한 것들이 공식으로는 어떻게 표현되는지 살짝 구경만 해볼까요? 수학에 자신이 없어도 괜찮습니다. 이 공식을 외우거나 계산할 필요는 전혀 없습니다. 단지 '미래 현금', '할인율' 같은 것들이 어떻게 공식으로 합쳐지는지 보여드리기 위함입니다.

[DCF 공식의 개념]

$PV = \{FCF_1/(1+r)_1\} + \cdots + \{FCF_n/(1+r)_n\} + \{TV/(1+r)_n\}$

- **PV**(Present Value): 기업의 현재가치(내재가치)
- **FCF**(Free Cash Flow): 미래의 각 연도별 '잉여현금흐름' 추정치
- **r**(discount Rate): 미래 현금을 현재가치로 바꾸는 '할인율'
- **TV**(Terminal Value): 특정 기간 이후의 '영구 가치' 추정치

DCF 공식은 '미래에 벌어들일 현금(FCF)을 할인율(r)을 이용해 현재가치로 바꾸어 모두 더한 것'을 수학적으로 표현한 것입니다.

DCF는 정답이 아닌 '생각의 틀'

제가 DCF를 직접 사용하며 깨달은 가장 중요한 사실은 이것이 정답을 알려주는 마법 공식이 아니라는 점입니다. 오히려 DCF의 진짜 목적은 그 계산 '과정'을 통해 기업에 대한 생각을 정교하게 만드는 데 있습니다. DCF는 다음과 같은 질문들에 대한 답을 스스로 찾아가도록 만드는 훌륭한 '생각의 틀'입니다.

- 이 회사는 앞으로 얼마나 성장할 수 있을까?
- 그 성장의 동력은 무엇이며, 언제까지 지속될까?
- 이익률은 유지될 수 있을까?
- 회사를 유지하기 위해 재투자는 얼마나 필요할까?

이 과정을 통해 기업의 본질에 대해 더 깊이 공부하게 되고, '대략 이 가격 아래에서는 충분히 싸다'라는 자신만의 기준과 안전마진을 확보하게 됩니다. 좋은 기업을 알아보는 안목에 더해, 좋은 가격을 기다리는 인내심까지 갖출 때, 비로소 마음 편히 동행할 진정한 기업을 매수하고 보유할 수 있습니다. 안전마진의 핵심은 '내가 얼마나 정확하게 가치를 계산했는가?'가 아니라 '내가 계산한 가치가 틀리더라도 지금 가격이면 충분히 싼가?'입니다. 즉, 내가 계산한 안전마진이 '틀려도 괜찮은지?'가 핵심입니다. 투자자는 '틀려도 괜찮은' 투자가 아니라 '틀리면 큰일나는' 투자를 하면 안 됩니다. 특히 자신은 절대 틀릴 수 없다는 자세로 투자하면 안 됩니다.

시장의 눈높이를 확인하는 법: 상대가치 평가

상대가치 평가는 분석 대상 기업을 다른 대상과 비교하여 상대적으로 고평가되었는지, 저평가되었는지를 판단하는 방법입니다. 여기에는 크게 두 가지 비교 대상이 있습니다.

첫째, '경쟁사'와 비교합니다

일반적으로 '피어(Peer) 그룹 비교'라고 합니다. 내가 분석할 A 기업의 PER이 20배라고 해봅시다. 이때 비슷한 사업을 하는 경쟁사 B는 15배, C는 18배에 거래되고 있다면? 우리는 질문을 던져야 합니다. "A 기업이 경쟁사들보다 비싸게 평가받을 만큼 재무나 경영진의 퀄리티가 월등한가?" 만약 그럴만한 이유를 찾을 수 있다면 높은 가치를 인정할 수 있지만, 그렇지 않다면 비싸다고 의심해볼 수 있습니다.

둘째, '기업의 과거'와 비교합니다

기업은 저마다 성장하는 산업에 속해 있기도 하고, 경기를 타는 산업에 있기도 합니다. 그래서 과거 수년간 이 기업이 어느 정도의 가치평가(밸류에이션)를 받아왔는지 살펴보는 것이 중요합니다. 만약 A 기업의 과거 5년 평균 PER이 15배였는데 현재 30배에 거래되고 있다면, '과거에 비해 시장의 기대가 매우 뜨거워졌구나. 이 기대가 합리적인 수준일까?' 하고 한 번 더 점검해야 합니다. 늘 비쌌던 주식과 갑자기 비싸진 주식은 다르기 때문입니다.

상대가치 평가는 매우 유용한 방법이지만, 치명적인 단점도 있습니다. 시장 전체가 과열되어 있다면, 동종 기업 모두가 비싼 상태일 수 있습니다. 이 경우, 상대적으로 PER이 낮아 보인다는 이유만으로 '싸다'라고 판단하는 우를 범할 수 있습니다. 따라서 상대가치 평가는 DCF와 같은 절대가치 평가 방법과 반드시 함께 사용하며 교차 검증해야 합니다.

가치평가는 우리를 미래의 위험으로부터 지켜주는 최후의 보루입니다. DCF를 통해 기업의 내재가치를 스스로 계산해보고, 상대가치평가를 통해 시장의 기대치를 확인한 후 충분한 '안전마진'을 확보하고 투자에 임해야 합니다. 이 과정을 거친 투자만이 우리에게 '밤에 편히 잠들 수 있는' 평온함을 가져다줄 것입니다.

> **[심화 학습]**
> **산업 사이클에 따른 밸류에이션 전략**
>
> '좋은 기업을 비싸게 사는 함정'을 피하기 위해서는 산업의 특성과 사이클에 따라 적합한 가치평가 방식을 유연하게 적용해야 합니다.
>
> - **고성장 산업(High-Growth)**: 아마존, 테슬라의 초기 시절처럼 과거 실적은 미미하지만 미래의 폭발적인 성장이 기대되는 기업들은 PER이나 PBR(주가순자산비율)로 가치를 평가하기 어렵습니다. 이때는 미래의 성장을 예측하여 현금흐름을 할인하는 DCF 모델이 유용합니다. 이는 DCF 모델이 과거 실적이 아닌, 기업의 미래 성장 잠재력과 현금 창출 능력이라는 본질적 가치에 집중하기 때문입니다. 다만, 성장률 가정에 따라 가치가 크게 변동하므로 보수적인 시나리오 분석이 필수적입니다.
> - **경기순환 산업(Cyclical)**: 조선, 화학, 반도체 등 경기에 따라 이익 변동성이 큰 산업에서는 PER이 왜곡될 수 있습니다. 호황기에는 이익이 급증하여 PER이 낮아 보이고(고점 신호), 불황기에는 이익이 급감하여 PER이 높아 보이는(저점 신호) 착시가 발생합니다. 따라서 이익

보다는 자산가치에 기반한 역사적 PBR 밴드나 감가상각비 등을 고려한 EV/EBITDA 멀티플을 활용하는 것이 더 효과적입니다. 이는 단기 이익의 급변과 달리, 기업이 쌓아온 순자산(PBR)이나 핵심적인 현금 창출 능력(EV/EBITDA)은 경기 사이클에 비교적 둔감하여 기업의 본질적인 가치를 더 안정적으로 보여주기 때문입니다.

- **턴어라운드 기업(Turnaround):** 적자 상태인 기업은 전통적인 가치평가 지표를 적용하기 어렵습니다. 이때는 과거 실적이 아닌 미래의 '수주 잔고', '이익 개선율', '경쟁사 대비 할인율' 등 정성적 요소를 기반으로 '숨겨진 가치(Hidden Value)'를 찾아내는 통찰력이 필요합니다.

3부

원칙을 실전으로 바꾸는 나만의 시스템

2부를 통해 우리는 위대한 기업을 알아보는 날카로운 안목을 갖추게 되었습니다. 재무제표로 기업의 체력을 확인하고(5장), 경제적 해자로 경쟁력을 분석했으며(6장), 경영진의 자질(7장)을 평가하는 법을 배웠습니다. 그리고 마지막으로 좋은 기업을 좋은 가격에 사는 법(8장)까지 익혔습니다.

하지만 최고의 재료가 항상 최고의 요리를 보장하지는 않습니다. 좋은 기업들을 어떤 원칙으로 조합하여 포트폴리오를 구성하고, 시장의 변덕 속에서 어떻게 관리하며, 최종적으로 언제 매도하여 수익을 확정 짓는지에 따라 우리의 최종 수익률은 하늘과 땅 차이로 달라집니다.

3부에서는 바로 이 실행의 영역을 다룹니다. 우리가 쌓아 올린 지식과 안목을 실제 계좌의 수익으로 연결하는 구체적인 시스템을 구축하는 여정입니다. 9장에서는 좋은 기업들로 어떻게 균형 잡힌 포트폴리오를 구성하고 운용하는지, 10장에서는 투자의 알파와 오메가인 매수와 매도 시점을 어떻게 판단하는지, 그리고 마지막 11장에서는 이 모든 과정을 망치는 가장 강력한 적인 우리 자신의 마음을 다스리는 법에 대해 이야기할 것입니다.

이제 안목을 넘어, 당신의 원칙을 수익으로 만드는 시스템의 세계로 들어갑니다.

9장

포트폴리오 구축과 운용:
최적의 팀을 만드는 법

성공적인 투자는 단순히 좋은 종목 몇 개를 고르는 것을 넘어, 이들을 어떻게 효과적으로 조합하여 위험과 수익의 균형을 맞춘 나만의 포트폴리오를 구성하고 관리하는가에 달려 있습니다. 뛰어난 분석으로 좋은 기업을 발굴해도, 실제 포트폴리오 운용에서 감정에 휘둘려 원칙을 지키지 못하면 모든 노력이 헛될 수 있습니다.

이 장에서는 퀄리티 투자 철학을 실제 포트폴리오 운용에 적용하는 구체적인 방법과 원칙을 다룹니다. 좋은 기업들로 어떻게 최적의 포트폴리오를 구성하고, 시장의 변동 속에서 어떻게 관리해 나갈지에 대한 실질적인 지침을 제시합니다.

포트폴리오 전략: 포커스 분산(Focused Diversification)

탑다운 퀄리티의 포트폴리오 전략은 **대한민국이라는 울타리를 넘어 전 세계에서 가장 뛰어난 기업을 찾는 것**에서 시작합니다. 많은 한국 투자자가 국내 시장을 중심으로 사고하지만, 저는 글로벌 시장을 기준으로 생각하며 한국은 좋은 투자 기회를 발견했을 때 투자합니다.

유망한 산업과 최고의 퀄리티 기업이 반드시 한국에만 있으리라는 법은 없습니다. 오히려 미국의 압도적인 기술 기업, 유럽의 대체 불가능한 명품 소비재, 일본의 독점적인 소재·부품·장비 기업처럼 각자의 분야에서 세계 최고 수준의 경쟁력을 가진 기업들을 투자 대상의 중심으로 삼을 때 더 안정적이고 높은 수익을 기대할 수 있습니다.

이러한 저의 전략은 결국 분산과 집중 사이에서 저만의 균형점을 찾은 결과입니다. 이제 이 두 개념에 대해 더 깊이 알아보고, 독자 여러분이 자신만의 균형점을 찾는 데 도움이 될 두 가지 기준, 즉 '투자 성향'과 '경험 수준'에 대해 이야기해보겠습니다.

분산 투자는 여러 종목으로 투자를 나누어 특정 기업의 위험이 전체 포트폴리오에 미치는 영향을 줄이는 전략입니다. 분산은 우리가 알지 못하는 위험에 대비하고 변동성을 낮춰 심리적 안정감을 줍니다.

집중 투자는 워런 버핏, 찰리 멍거 등 퀄리티 투자 거장들이 선호하는 방식으로, 철저한 분석을 통해 높은 확신을 가진 소수의 우량 기업에 자금을 집중 투자합니다. 성공하면 시장 평균을 크게 웃도는 초과 수익을 기대할 수 있지만, 잘못 판단하면 손실 또한 클 수 있습니다.

이 둘 사이에 정답은 없습니다. 이는 투자자 본인의 경험 수준뿐만 아니라, 타고난 투자 성향에 따라 최적의 균형점이 달라지기 때문입니다.

첫째, '성향'의 측면을 살펴보겠습니다

변동성을 견디기 어려워하는 성향이라면 집중 투자와는 맞지 않습니다. 소수 기업에 집중 투자를 하면, 포트폴리오의 변동성이 커져 필연적으로 심리적 압박을 느끼게 됩니다. 따라서 오랜 경험과 더불어 이러한 변동성을 감내할 수 있는 성향을 가진 투자자만이 집중 투자를 시도할 수 있습니다. 그렇지 않다면 분산이야말로 장기적으로 시장에서 살아남는 현명한 길입니다.

둘째, '경험 수준'에 따라서는 다음과 같이 접근할 수 있습니다

이제 막 투자를 시작한 초보 투자자라면 저는 자산의 대부분을 시장을 추종하는 ETF(예: SPY, QQQ, DIA)에 투자하고 일정 비중의 금액으로 공부한 5개 정도의 종목으로 '적절하게 분산'하여 시작하는 것을 권장합니다.

아직 자신만의 분석 능력과 원칙에 대한 확신이 부족한 상태에서 소수 종목에 집중하는 것은 매우 위험할 수 있습니다. 여러 기업을 공부하고 소액으로 투자해보는 과정을 통해 다양한 산업을 경험하고 자신만의 능력 범위를 넓혀가는 것이 중요합니다. 이 단계에서는 큰 수익을 노리기보다 큰 손실을 피하면서 시장에서 살아남는 법을 배우는 것이 우선입니다.

어느 정도 경험이 쌓인 투자자라면 점차 집중의 비중을 높여가는 것을 고려해볼 수 있습니다. 여러 기업을 분석해본 경험을 통해 자신이 깊이 이해하고 높은 확신을 가진 소수의 최애 기업들이 생겼을 것입니다. 이 기업들의 비중을 점차 늘려 5~10개 내외의 포트폴리오를 구성하는 단계로 나아갈 수 있습니다.

[저자는 어떻게 투자할까]

저는 변동성을 감내하는 것이 어려운 성향이라 소수 종목에 집중하는 투자는 하지 않습니다. 대신 약 20개 내의 퀄리티 기업에 분산 투자하여 심리적 안정감을 유지합니다.

하지만 여기에는 저만의 원칙이 하나 더 있습니다. 바로 산업(섹터)의 관점에서는 확신이 드는 7개 내외의 소수 산업에 집중적으로 투자하는 것입니다. 예를 들어, 반도체 산업의 경우 미국의 엔비디아, 한국의 하이닉스, 대만의 TSMC로 반도체 산업의 핵심 기업을 선정하여 분산하지만 큰 틀에서는 반도체 산업에 투자하는 것입니다. 또한 GE 버노바(GE Vernova), 지멘스 에너지(Siemens Energy), 미쓰비시 중공업과 같이 발전용 대형 가스터빈 사업에 투자하기도 하지만 국가를 분산하는 경우도 있습니다. 즉 '종목은 분산하되 산업은 집중'하는 방식으로 저만의 균형점을 찾았습니다.

특히 저는 글로벌 투자를 지향하기 때문에 하나의 유망한 산업이라는 아이디어가 생기면 그 산업에 속한 전 세계의 여러 우량 기업에 동시에 투자하는 것을 선호합니다.

> **[핵심 원칙]**
>
> **당신의 '투자 성향'과 '이해 수준'이 분산과 집중의 경계를 결정한다.**
> 자신의 성향을 먼저 파악하고, 경험이 부족할수록 '적절한 분산'으로 위험을 관리하며, 경험과 확신이 쌓일수록 '깊이 이해하는 소수'에 집중하는 용기를 낼 수 있다.

비중 조절의 기술: 확신의 크기가 비중의 크기다

포트폴리오에 담을 종목들을 정했다면, 다음으로는 각 종목에 얼마씩 투자할지, 즉 '비중'을 결정해야 합니다. 저는 모든 종목을 똑같은 비중으로 담지 않습니다. 각 투자 아이디어의 '확신 수준'과 '안전마진'을 기준으로 비중을 조절합니다.

예를 들어, A와 B 두 기업 모두 훌륭한 퀄리티 기업이라고 판단했지만, A 기업의 경제적 해자와 경영진에 대한 확신이 더 크다면 A 기업에 더 높은 비중을 부여합니다. 만약 두 기업에 대한 확신 수준이 비슷하다면, 현재 주가가 제가 생각하는 내재가치 대비 더 많이 할인되어 있는(안전마진이 큰) 기업에 더 큰 비중을 두는 것이 합리적입니다.

[비중 결정 원칙]
- 높은 비중 = 높은 확신 수준(해자/경영진) + 높은 안전마진
- 낮은 비중 = 확신은 있으나 안전마진이 보통일 때

이처럼 비중 결정은 결국 나의 확신과 안전마진에 대한 솔직한 자기 평가의 결과입니다. 다만, 아무리 확신이 높은 아이디어라도 단일 종목에 대한 **최대 투자 비중**(예: 포트폴리오의 20% 이내)을 스스로 정해두는 것이 좋습니다. 이는 예측 불가능한 위험으로

부터 자산을 지키기 위한 중요한 안전장치입니다.

[저자는 어떻게 투자할까?]

저는 기본적으로 **단일 종목의 비중이 20%를 넘지 않도록** 관리합니다. 대부분의 종목은 10% 미만으로 유지하며, 분산의 원칙을 지킵니다. 새롭게 아이디어를 찾아 계속 관심을 가지고 공부하는 기업의 경우 1~2% 비중으로 매수하여 정말 좋은 아이디어라는 확신이 생기면 불타기(추가 매수)를 진행합니다.

다만, '이것은 10년에 한 번 올까 말까 한 기회다'라는 강한 확신이 드는 **매우 예외적인 경우에 한해서만** 최대 30% 이상 비중을 확대하는 것을 고려합니다. 이는 일반적인 원칙이라기보다 저의 오랜 경험에 기반한 결정에 가깝습니다. 독자 여러분께서는 처음부터 무리하게 높은 비중을 시도하기보다 자신만의 원칙을 먼저 세우기를 권합니다.

리밸런싱: 포트폴리오를 건강하게 유지하는 법

시간이 지나면서 특정 종목의 주가 상승으로 비중이 과도하게 높아지거나, 반대로 주가 하락으로 비중이 너무 낮아질 수 있습니다. 이때 리밸런싱(Rebalancing)을 통해 처음 설정한 위험 수준을 유지하고, 자연스럽게 오른 것은 일부 팔고 내린 것은 일부 사는 역발상 투자를 실행하는 효과를 얻을 수 있습니다.

하지만 기계적인 리밸런싱은 위험할 수 있습니다. **리밸런싱 결정은 항상 기업의 기본적인 가치(펀더멘털)를 다시 평가하는 것과 함께 이루어져야 합니다.** 주가가 오른 기업의 펀더멘털이 더욱 강화되었다면 굳이 팔 필요가 없을 수 있고, 주가가 내린 기업의 펀더멘털이 심각하게 훼손되었다면 추가 매수가 아닌 손절매를 고려해야 합니다.

리밸런싱의 딜레마: '많이 오른 종목(Winner)'을 언제 팔 것인가?

하지만 많은 투자자가 리밸런싱 과정에서 가장 고통스러운 딜레마에 빠집니다. 바로 포트폴리오의 성장을 이끌어온 '위너(Winner)'의 주가가 계속해서 올라 처음 설정한 비중을 훌쩍 넘어섰을 때입니다.

원칙대로라면 비중을 줄여 위험을 관리하고 수익을 일부 실현하는 것이 맞습니다. 하지만 위대한 기업의 주식을 너무 일찍 파는 것은 이제 막 눈덩이처럼 불어나기 시작한 '복리의 마법'을 스스로 멈추게 하는 최악의 실수가 될 수도 있습니다. 테리 스미스가 "좋은 기업을 샀다면 아무것도 하지 마라"고 했던 말을 기억해야 합니다.

그렇다면 우리는 이 딜레마 앞에서 어떻게 판단해야 할까요?

단순히 '비중이 20%를 넘었으니 판다'라는 기계적인 규칙을 넘어 다음과 같은 본질적인 질문을 스스로에게 던져야 합니다.

펀더멘털은 더 강해지고 있는가?

주가가 단순히 시장의 유동성이나 기대감만으로 올랐나요? 아니면 기업의 경제적 해자가 더 깊어지고, 시장 지배력이 강화되고, 이익 창출 능력이 실제로 더 강해진 결과인가요? 만약 기업의 본질 가치가 주가 상승 속도보다 더 빠르게 성장하고 있다면, 굳이 서둘러 비중을 줄일 필요는 없습니다.

밸류에이션이 비이성적 영역에 진입했는가?

'비싸다'라는 느낌과 '비이성적이다'라는 것은 다릅니다. 앞으로의 성장성을 어떤 긍정적인 시나리오로 가정해도 현재 주가를 도저히 설명할 수 없는 '거품'의 영역에 진입했다고 판단될 때(비이성적) 분할 매도를 진지하게 고려해야 합니다. 이는 우리가 8장에서 다룬 '퀄리티 함정'의 꼭대기에 가까워지고 있다는 신호일 수 있습니다.

기회비용은 어떠한가?

마지막으로, 가장 중요한 질문입니다. "이 위대한 기업의 주식을 지금 파는 것이, 그 돈으로 다른 기업에 투자하는 것보다 정말로 더 나은 결정인가?" 포트폴리오 안에서 더 매력적인 투자 대안이 없다면, 섣불리 최고의 선수를 벤치로 불러들일 필요는 없습니다.

결론적으로, 위너에 대한 리밸런싱은 두려움이나 기계적인 원칙이 아닌, 펀더멘털의 지속성, 밸류에이션의 합리성, 그리고 기회비용이라는 세 가지 잣대를 통해 종합적으로 판단해야 하는 고도의 의사결정 영역입니다. 포트폴리오 운용은 한 번 만들고 끝나는 것이 아니라, 시장 상황과 기업의 변화에 맞춰 지속적으로 관리하고 최적화해나가는 과정입니다.

[저자는 어떻게 투자할까?]

저는 다음 세 가지 경우에 리밸런싱, 즉 포트폴리오 조정을 실행합니다.

1. 비중 원칙을 넘어섰을 때 (기계적 + 질적 판단)

특정 종목이 너무 크게 올라 제가 정한 최대 비중(예: 30%)을 넘어설 경우, 기계적으로 일부를 매도하여 비중을 조절합니다. 이는 자연스러운 수익 실현이자, 한 종목에 대한 과도한 의존을 막는 리스크 관리입니다.

GE 버노바가 좋은 예시가 될 수 있습니다. 처음에는 약 20% 비중으로 투자했지만, 주가가 계속 상승하며 어느덧 비중이 30%를 넘어섰습니다. 저는 '단일 종목 최대 비중 30%'라는 원칙에 따라 기계적으로 비중의 절반을 매도했고, 그 자금으로 좋게 보던 다른 기업을 일부 매수하기 시작했습니다. 얼마 후 시장이 급락하면서 GE 버노바의 주가도 크게 하락했지만, 저는 이미 수익을 실현하고 현금을 확보한 상태였기에 오히려 10% 초반까지 낮아진 비중을 다시 채우는 추가 매수의 기회로 삼을 수 있었습니다. 만약 원칙 없이 '더 오를 것'이라는 기대감만으로 주식을 보유했다면, 시장 하락 시 수익을 지키기는커녕 좋은 기업을 싸게 살 기회마저 놓쳤을 것입니다.

2. 투자 아이디어가 훼손되었을 때 (질적 판단)

제가 그 기업에 투자했던 핵심적인 이유, 즉 펀더멘털이 영구적으로 훼손되었다고 판단될 때는 원칙적으로 주가 등락과 상관없이 가장 단호하게 매도를 실행합니다.

최근 제가 투자했던 컴스코프(CommScope)라는 회사가 좋은 예시가 될 것입니다. 이 회사는 데이터센터에 필수적인 광케이블과 네트워크 장비를 만드는 기업으로 저는 'AI 데이터센터 성장'이라는 메가트렌드의 숨은 수혜주가 될 것이라는 아이디어를 가지고 투자했습니다. 당시 이 회사는 과거의 공격적인 M&A로 인한 과도한 부채 문제가 있었지만, 새로 부임한 CEO가 비핵심 자산을 매각하며 재무 구조를 개선하고 있었기에 오히려 턴어라운드의 기회가 있다고 판단했습니다.

하지만 2025년 상반기, 회사는 부채 감축을 위해 저의 핵심 투자 근거였던 연결 및 케이블 솔루션(CCS) 사업부 자체를 암페놀(Amphenol)에 매각하기로 결정했습니다. 이 소식에 주가는 급등했지만, 저에게는 더 이상 이 회사에 동행할 이유가 사라진 셈이었습니다. 성장 엔진이 사라진 자동차를 계속 보유할 수는 없었기 때문에 투자 아이디어 훼손이라는 원칙에 따라 전량 매도했습니다.

3. '더 좋은' 기업을 발견했을 때 (기회비용 판단)

제가 보유 중인 기업도 여전히 훌륭하지만, 그보다 훨씬 더 뛰어난 기회를 가진 기업을 발견했을 때입니다. 이는 한정된 자원으로 최고의 포트폴리오를 만들기 위한 기회비용 측면의 결정입니다.

실제 사례로, 저는 한동안 멕시칸 패스트푸드 기업인 치폴레(Chipotle, CMG)에 투자하고 있었습니다. 하지만 거시경제 데이터를 분석하면서 미국 소비자, 특히 저소득층의 소비 여력이 인플레이션으로 인해 점차 감소하고 있음을 포착했습니다. 이는 '가성비'가 뛰어나다고 여겨졌던 치폴레에게도 부담으로 작용하기 시작했고, 실제로 동일 매장 매출 증가세가 둔화하며 주가 역시 하락세를 보였습니다.

바로 그때, 브링커 인터내셔널(Brinker Int'l, EAT)이 운영하는 레스토랑 '칠리스(Chili's)'가 눈에 들어왔습니다. 칠리스는 '3 for Me'라는 파격적인 가성비 메뉴를 출시하며 소비자들의 얇아진 지갑 사정을 정확히 파고들었고, 이는 폭발적인 실적 턴어라운드로 이어졌습니다.

저는 두 기업을 비교하며 결론을 내렸습니다. 소비 둔화라는 같은 이슈 앞에서 치폴레는 힘겨워하는 반면, 브링커는 오히려 소비자가 더 많이 방문하고 있었습니다. 같은 산업 내에서 더 나은 기회를 발견했기에, 저는 미련 없이 치폴레를 매도하고 브링커 인터내셔널로 교체 매매를 단행했습니다.

핵심 요약: 나만의 포트폴리오 운용 원칙

구분	핵심 원칙	실행 방안
전체 전략	포커스 분산 (Focused Diversification)	1. 투자 대상을 글로벌로 넓힌다. 2. '성향'과 '경험'에 맞춰 집중과 분산의 균형점을 찾는다. 3. (저자의 경우) 산업은 집중, 종목은 분산한다.
비중 조절	확신의 크기가 비중의 크기다.	1. '높은 확신'과 '높은 안전마진'을 가진 종목의 비중을 높인다. 2. 단일 종목 최대 비중 원칙(예: 20%)을 반드시 지킨다.
리밸런싱	기계적이 아닌, '펀더멘털'에 근거하여 조정한다.	1. 비중 원칙을 초과할 때 매도하여 비중을 조정한다. 2. 펀더멘털 훼손 시 단호하게 매도한다. 3. 더 좋은 대안을 발견했을 때 실행한다.

10장

언제 사고 언제 팔 것인가:
투자의 알파와 오메가

우리는 마침내 자신만의 투자 전략으로 퀄리티 기업을 찾아내는 법을 배웠습니다. 하지만 진짜 게임은 지금부터입니다. 아무리 좋은 기업을 발굴했다고 해도, '언제' 사느냐에 따라 최종 수익률은 크게 달라질 수 있기 때문입니다.

'더 떨어질까 봐' 사지 못했던 공포의 순간, '더 오를 것 같아서' 팔지 못했던 탐욕의 순간. 아무리 훌륭한 분석도 이 두 가지 감정의 파도 앞에서는 속수무책입니다.

이 장의 목표는 매수와 매도의 '정답'을 알려주는 것이 아닙니다. 매수는 기술, 매도는 예술이라는 말이 있듯이 투자자마다 각기 다른 매매 방법이 있습니다. 이 장은 독자 여러분이 자신만의 원칙을 세워, 감정이 아닌 시스템으로 매매할 수 있도록 돕는 하나의 든든한 가이드가 될 것입니다.

오늘이 원금이다: 장기 투자는 목표가 아닌 결과다

매수와 매도에 대해 이야기하기 전에 우리는 반드시 '장기 투자'라는 개념을 올바르게 정립해야 합니다. 많은 투자자가 워런 버핏의 "내가 가장 좋아하는 보유 기간은 영원이다"라는 말을 한번 산 주식은 어떤 상황에서도 맹목적으로 오래 보유해야 한다는 뜻으로 받아들입니다. 하지만 이는 장기 투자의 본질을 거꾸로 이해한, 매우 위험한 함정에 빠질 수 있는 생각입니다.

진정한 장기 투자는 매수 버튼을 누르는 순간 결정되는 '목표'가 아니라, 기업과의 동행 과정에서 끊임없이 확인하고 증명해나가는 '결과'가 되어야 합니다.

어제의 판단이 오늘의 나를 구속하게 해서는 안 됩니다. 투자의 세계에서 과거는 참고 자료일 뿐, 우리의 의사결정은 항상 현재 시점을 기준으로 이루어져야 합니다. 이때 다음과 같은 질문을 스스로에게 던지는 것은 감정적 미련과 인지적 편향에서 벗어나는 가장 강력한 도구가 됩니다.

"만약 내가 어제 이 주식을 사지 않고 오늘 그 매수 대금만큼의 현금을 가지고 있다면, 지금 이 가격에 이 주식을 새로 살 것인가?"

이 질문에 망설임 없이 '그렇다'라고 답할 수 있을 때만 그 주식을 계속 보유할 자격이 있습니다. 2,000만 원에 사서 1,400만 원이 된 주식은 '-30% 손실이 난 주식'이 아니라, '1,400만 원의 현금과 같은 가치를 지닌 자산'일 뿐입니다. 우리는 매일 아침, '오늘의 원금'으로 최선의 포트폴리오를 다시 구성한다는 자세로 자신의 보유 종목을 바라봐야 합니다.

내가 투자한 기업의 경제적 해자와 경영진에 대한 믿음이 오늘 이 순간에도 여전히 유효한지를 끊임없이 점검하고, 그 믿음이 유지되는 동안만 동행을 이어가는 것. 그 능동적인 파트너십이 10년, 20년 이어졌을 때 비로소 세상이 말하는 '위대한 장기 투자'라는 영광스러운 결과가 따라오는 것입니다. 장기 투자라는 이름으로 나의 실수를 방치하지 마십시오. 장기 투자는 인내가 아니라, 매일의 확신이 쌓여 만들어지는 결과물입니다.

제1원칙 매수의 기술: 공포를 이기는 원칙

기준 1. '안전마진'을 반드시 확보하라

퀄리티 투자의 핵심은 '좋은 기업을 찾는 것'에서 시작하지만, 그 성패는 '좋은 가격에 사는 것'에서 갈리는 경우가 많습니다.

> "가격은 내가 지불하는 것이고, 가치는 내가 얻는 것이다."
> _워런 버핏

안전마진이란 8장에서 추정한 기업의 내재가치와 실제 지불하는 가격 사이의 여유 공간, 즉 '안전 쿠션'을 의미합니다. 나의 분석이 틀리거나 예상치 못한 악재가 발생하더라도 손실을 최소화하는 이 안전마진이야말로 우리가 매수 버튼을 누르기 전에 반드시 확인해야 할 가장 중요한 조건입니다.

[저자는 어떻게 투자할까?]

아무리 좋은 아이디어라도 처음부터 큰 확신을 갖기는 어렵습니다. 저는 새로운 투자 아이디어를 발견했을 때, 전체 자금의 2% 내외 소액으로 '정찰병 매수'를 하여 초기 투자 가설이 맞는지 확인하는 단계를 거칩니다.

이후 기업 실적이 예상대로 나오거나 긍정적인 산업 변화가 확인되어 투자 확신이 더 강해지면 주가가 처음 매수 가격보다 올랐더라도 주저하지 않고 투자 비중을 점진적으로 늘려나가는 '불타기(추가 매수)'를 실행합니다.

많은 투자자가 손실 난 주식의 본전을 찾기 위해 물타기를 하지만, 진정한 초과 수익은 나의 판단이 옳았음이 증명된, 이기는 종목의 비중을 키웠을 때 나온다고 믿습니다.

또한 우량 기업을 가장 매력적인 가격에 살 수 있는 기회는 아이러니하게도 시장 전체가 공포에 휩싸여 있을 때 찾아옵니다.

> "남들이 탐욕을 부릴 때 두려워하고,
> 남들이 두려워할 때 탐욕을 부려라."
> _워런 버핏

시장의 비이성적인 공포나 해당 기업에 대한 일시적인 악재로 훌륭한 기업의 주가가 내재가치 이하로 크게 떨어졌을 때, 그것이 바로 안전마진을 최대한 확보하며 매수할 수 있는 최고의 타이밍이 될 수 있습니다.

> **[매수 전 최종 점검 체크리스트]**
> - [탑다운] 이 산업은 구조적인 순풍을 타고 있는가?
> - [바텀업] 이 기업은 내가 정의한 퀄리티 기준(재무, 해자, 경영진)을 모두 만족하는가?
> - [밸류에이션] 현재 주가는 내가 계산한 내재가치 대비 충분한 안전 마진을 제공하는가?

기준 2. 매도의 규율: 탐욕과 미련을 다스리는 지혜

언제 주식을 팔아야 하는지를 결정하는 것은 투자에서 가장 어려운 문제 중 하나입니다. 주가가 오르면 '더 오를 것' 같은 탐욕 때문에, 주가가 내리면 '언젠가 오르겠지' 하는 미련과 손실 확정에 대한 공포 때문에 제때 팔지 못하고 망설입니다.

장기 보유가 우리 투자의 기본 원칙이지만 그것이 장기 투자를 의미하지는 않습니다. 다음과 같은 명확하고 합리적인 이유가 발생했을 때는 감정을 배제하고 원칙에 따라 매도를 실행해야 합니다.

내가 주식을 파는 4가지 경우

1. 펀더멘털이 영구적으로 훼손되었을 때

처음 그 기업에 투자했던 핵심 이유(예: 강력한 경제적 해자, 신뢰했던 경영진의 정직성 문제 발생 등)가 돌이킬 수 없을 정도로 나빠졌다고 객관적으로 판단될 때입니다. 이는 가장 중요한 매도 신호입니다.

2. 터무니없는 고평가 상태일 때

주가가 기업의 내재가치를 훨씬 뛰어넘어, 미래의 어떤 긍정적인 상황을 가정하더라도 도저히 정당화하기 어려운 거품 수준까지 상승했다고 판단될 경우입니다. 좋은 기업도 영원히 오르지는 않습니다.

3. 압도적으로 '더 좋은' 투자 기회를 발견했을 때

현재 보유 종목도 여전히 좋은 기업이지만, 그보다 훨씬 더 뛰어난 퀄리티와 훨씬 더 매력적인 가격(안전마진)을 가진 새로운 투자 대안을 발견했을 경우입니다. 한정된 자원으로 최고의 팀을 만들기 위한 '교체 매매'를 합니다.

4. 나의 투자 판단이 '명백한 실수'였음을 인정할 때

처음 분석 시 미처 발견하지 못했던 치명적인 결함이나, 초기 투자 가설이 명백히 틀렸음이 증명되었을 경우입니다. 자존심 때문에 실수를 인정하지 않고 버티는 것은 최악의 결과를 낳습니다.

[매도 고려 시 점검 체크리스트]

- [펀더멘털 훼손] 내가 이 기업에 투자했던 핵심 이유(경제적 해자, 경영진 등)가 영구적으로 훼손되었는가? ➡ 가장 중요한 매도 신호
- [산업 트렌드 변화] 산업을 이끌던 순풍이 역풍으로 바뀌었는가?
- [더 좋은 기회 발견] 현재 보유 종목보다 훨씬 더 뛰어난 투자 대안을 발견했는가? ➡ 기회비용 고려
- [과도한 고평가] 주가가 기업의 본질 가치를 넘어 비이성적인 거품 영역에 진입했다고 판단되는가?

[저자는 어떻게 투자할까?]

매도할 때는 손실을 확정하는 것에 대한 두려움(손실 회피 편향)이나 주가가 더 오를 것이라는 막연한 기대감 때문에 적절한 매도 시점을 놓치곤 합니다. 이러한 심리적 함정을 피하기 위한 가장 좋은 방법은 주식을 매수하는 시점에 투자 일지에 매수 이유와 함께 '어떤 상황이 되면 팔겠다'라는 매도 조건을 구체적으로 미리 기록해두는 것입니다.

예를 들어, 'A 기업의 핵심 해자인 B 기술이 경쟁사 C에게 따라잡히면 매도한다' 또는 'PER이 역사적 고점인 40배를 넘어서면 분할 매도를 시작한다'와 같이 말입니다. 이는 미래의 내가 감

정이 아닌 원칙에 따라 행동하게 만드는 강력한 자기 통제 장치가 될 것입니다.

4부

마인드셋과 리스크 관리

> "투자에 성공하기 위해 IQ 160이 필요한 것은 아니다.
> 평범한 지능이라면 필요한 것은 투자할 때 다른 사람들을
> 곤경에 빠뜨리는 충동을 제어할 수 있는 기질이다."
>
> _워런 버핏

우리는 3부까지 성공적인 투자를 위한 다양한 외적인 요소들을 탐구해왔습니다. 위대한 기업을 식별하는 분석력(2부), 그리고 이론을 현실로 구현하는 포트폴리오 운용 원칙(3부)까지. 하지만 이 모든 지식과 도구를 실제 투자 세계에서 효과적으로 활용하고 지속 가능한 성공을 거두기 위해서는 반드시 넘어야 할 또 다른 차원의 관문이 존재합니다. 그것은 바로 투자자 자신의 내면에 존재하는 '사고방식(Mindset)'과 예측 불가능한 위기를 헤쳐 나가는 리스크 관리 능력, 즉 투자의 '내면 게임(Inner Game)'입니다.

워런 버핏의 명언은 투자의 성공이 단순히 높은 지능 지수나 복잡한 분석 능력에 좌우되는 것이 아님을 명확히 보여줍니다. 오히려 평범한 지능을 가졌더라도, 시장의 변동성 속에서 끊임없이 샘솟는 탐욕과 공포라는 강력한 감정적 충동을 효과적으로 제어할 수 있는 기질이 장기적인 성패를 가르는 핵심 요소임을 강조합니다.

예상치 못한 손실 앞에서 공포에 질려 투매하거나, 시장이 과

열될 때 '나만 뒤처질 수 없다'라는 불안감에 휩쓸려 추격 매수하는 것은 너무나 인간적인 반응입니다. 하지만 이러한 본능적인 충동을 다스리지 못하면, 아무리 뛰어난 분석과 전략이라도 무용지물이 될 수 있습니다.

4부에서는 바로 이 투자의 내면 게임에 초점을 맞춰 위대한 투자자들이 어떻게 자신의 심리를 관리하고 리스크를 통제하며 성공적인 길을 걸어왔는지 그들의 사고방식과 지혜를 더욱 깊이 있게 탐구합니다. 11장에서는 스탠리 드러켄밀러의 사례를 통해 적응적 사고와 위대한 투자자의 내적 역량을 배울 것이며, 12장에서는 '천재들의 실패'로 기록된 롱텀캐피탈매니지먼트(LTCM) 사태를 통해 리스크의 본질과 자기 통제의 필요성을 절감하게 될 것입니다.

11장

위대한 투자자의 내공:
유연성, 규율 그리고 겸손

  성공적인 투자 기질을 갖추기 위한 첫걸음은 성공한 투자자들이 세상을 어떻게 바라보고 생각하는지 배우는 것입니다. 그들은 어떤 상황에서 유연하게 사고하고, 또 어떤 순간에 확신을 갖고 행동할까요?

  이 장에서는 매크로 투자의 대가라 불리는 스탠리 드러켄밀러의 사례와 시대를 초월하는 투자 대가들의 공통적인 내적 역량을 통해 변화무쌍한 시장에 대응하는 지혜의 정수를 깊이 있게 살펴보겠습니다.

스탠리 드러켄밀러에게 배우는 '적응적 사고'

스탠리 드러켄밀러는 변동성이 극심한 거시경제 환경 속에서도 수십 년간 압도적인 성과를 기록한 '매크로 투자의 제왕'입니다. 그의 성공 비결은 끊임없이 변화하는 정보 속에서 자신의 생각을 유연하게 조정하는 능력과 높은 확률적 우위를 발견했을 때 과감하게 행동하는 능력을 겸비한 데 있습니다.

지적 유연성: 확신하되, 항상 의심하라

시장은 정적인 대상이 아니라, 수많은 변수에 의해 끊임없이 변화하는 복잡계입니다. 드러켄밀러는 특정 투자 이론이나 자신의 성공 경험이라는 '지적 감옥'에 갇히는 것을 극도로 경계했습니다. 그는 자신의 핵심 투자 가설에 대해 끊임없이 의문을 제기하고, 자신의 생각과 반대되는 정보나 논리를 적극적으로 찾아나서며 분석의 오류를 점검했습니다. 또한, 자신이 공들여 세운 투자 아이디어에 감정적으로 애착을 갖는 것을 경계하며, 새로운 데이터가 자신의 기존 논리와 배치될 때는 과감하게 생각을 수정할 준비가 되어 있었습니다.

결단력 있는 확신: 기회가 왔을 때 크게 베팅하라

유연성이 위험을 관리하는 방어적 특성이라면 확신은 기회를 포착했을 때 수익을 극대화하는 공격적 특성입니다. 드러켄밀러는 시장이 때때로 잃을 것은 적고, 얻을 것은 매우 큰 기회를 제공한다고 믿었고, 그러한 기회가 왔을 때는 홈런을 노려야 한다고 강조했습니다. 그의 과감한 베팅은 결코 충동적인 도박이 아니라 거시경제, 시장 심리, 자산 가격에 대한 깊이 있는 분석을 통해 얻어진 높은 확신(High Conviction)에 기반합니다.

유연성과 확신의 시너지: 리스크 관리의 완성

그의 투자 철학의 정수는 이 두 날개가 어떻게 조화롭게 작동하며 리스크를 관리하는지에 있습니다. 투자 결정을 내리기 전까지는 누구보다 유연하게 정보를 탐색하지만, 일단 행동하기로 결정하면 누구보다 확신에 차서 과감하게 실행합니다. 하지만 포지션을 보유하는 중에도 끊임없이 자신의 투자 논리를 냉철하게 점검하며, 초기 가정이 틀렸다고 판단되면 즉시 포지션을 청산합니다. 자본 보존(Capital Preservation)이야말로 장기적으로 큰 수익을 얻기 위한 가장 중요한 전제 조건임을 이해하고 있었으며, 그의 유연성은 바로 이 자본 보존을 가능하게 하는 핵심적인 리스크 관리 도구였습니다.

위대한 투자자의 4가지 내적 기둥

스탠리 드러켄밀러의 사례는 결국 시대를 초월하여 위대한 투자자들이 공통적으로 갖추고 있는 깊고 단단한 내공의 중요성을 강조합니다. 이러한 내공은 오랜 시간 동안 시장과의 치열한 상호작용과 자기 성찰을 통해 연마해야 하는 네 가지 핵심 역량으로 정리할 수 있습니다.

1. 인내(Patience): 시간이라는 가장 강력한 아군을 만드는 지혜

좋은 기업을 발견했더라도 원하는 가격이 올 때까지 조급해하지 않습니다. 그리고 일단 투자한 후에는 기업의 내재가치가 시장 가격에 반영될 때까지 단기 변동성에 일희일비하지 않으며, 복리의 마법이 작동할 시간을 충분히 기다리는 '적극적인 기다림'입니다.

2. 규율(Discipline): 감정의 노예가 아닌 원칙의 주인이 되는 길

시장이 급등하여 환호성이 터져 나올 때나 급락하여 비명이 난무할 때, 감정에 휩쓸려 충동적으로 매매하지 않는 힘입니다. '왜, 무엇을, 언제, 어떻게'에 대한 자신만의 명확한 원칙과 프로세스를 세우고, 어떤 상황에서도 그 약속을 지키려는 일관성입니다.

3. 겸손(Humility): 성장을 위한 최고의 자양분

자신의 능력과 지식의 한계를 명확히 인지하고 인정하는 '지적 정직성'입니다. 내가 언제든 틀릴 수 있음을 인정하고, 실수했을 때 그 원인을 철저히 분석하여 같은 실수를 반복하지 않도록 배우는 자세입니다. 겸손함은 투자자를 과신과 독단이라는 위험에서 보호하고, 끊임없는 학습의 문을 열어줍니다.

4. 평생 학습(Lifelong Learning): 변화하는 세상과 함께 진화하는 지혜

과거의 성공에 안주하지 않고, 지칠 줄 모르는 학습자의 자세를 견지하는 것입니다. 금융과 경제를 넘어 역사, 심리학, 과학 등 다양한 분야를 넘나들며 세상이 작동하는 방식에 대한 깊이 있는 이해를 추구합니다. 그리고 이를 통해 자신의 투자 시스템을 지속적으로 개선해나가는 열린 자세입니다.

투자의 세계에서 장기적으로 성공하기 위해서는 뛰어난 분석 능력이나 정보력만으로는 부족합니다. 시장의 변동성과 불확실성, 그리고 인간의 본능적인 감정과 인지적 편향을 극복하고 합리적인 의사결정을 지속적으로 내릴 수 있는 강력한 '내면의 힘'이 반드시 필요합니다.

인내, 규율, 겸손, 그리고 평생 학습이라는 네 가지 기둥 위에 세워진 탄탄한 사고방식이야말로 모든 투자자가 추구해야 할 궁

극적인 목표이자, 예측 불가능한 투자 여정을 성공적으로 완수하게 하는 가장 믿음직한 나침반이 될 것입니다.

12장

투자에서 실패하지 않는 법:
리스크와 불확실성 관리

불확실성이라는 산 앞에서

어쩌면 투자라는 행위 자체가 '불확실성'이라는 거대한 산을 끊임없이 마주하고 넘어서려는 시도일지도 모릅니다. 내일의 시장은 상승할까요, 하락할까요? 지금 유망해 보이는 이 기업의 미래는 과연 장밋빛일까요? 이 모든 질문에 대해 그 누구도 100% 확신을 가지고 답할 수 없습니다.

불확실성은 우리가 투자하는 동안 결코 사라지거나 피할 수 있는 대상이 아닙니다. 투자자가 할 수 있는 최선은 이 산을 없애려 헛되이 애쓰는 것이 아니라, 오히려 이 산의 존재를 온전히 인정하고 불확실성을 투자 과정의 자연스러운 일부로 담담히 수용하는 것입니다.

불확실성을 받아들이는 순간 우리는 역설적으로 더 큰 심리적 안정감을 얻고, 통제 불가능한 미래를 예측하려는 헛된 노력 대신 우리가 통제할 수 있는 영역(즉, 우리의 투자 철학과 원칙, 분석 과정, 그리고 자신의 감정적 반응과 행동)에 집중하게 됩니다. 이것이 바로 리스크 관리의 시작입니다.

'돈을 잃지 마라'는 원칙의 진짜 의미

워런 버핏의 제1원칙은 "돈을 잃지 마라"이고, 제2원칙은 "제1원칙을 잊지 마라"입니다.

이 말은 아마 세상에서 가장 유명하지만, 가장 깊이 오해받는 투자 격언일 것입니다. 주가의 등락이 본질인 시장에서 대체 어떻게 돈을 잃지 않을 수 있을까요? 이 말은 단순히 '안전한 채권에만 투자하라'는 뜻일까요? 아니면 손실 구간을 버티다가 수익이 나면 매도하라는 의미일까요?

이 격언의 진짜 의미를 고민해보니 개별 주식의 가격 하락이나 일시적인 평가 손실을 의미하는 것이 아니었습니다. 그 발언을 추적해보면 버핏이 말한 진정한 뜻은 다음과 같습니다.

"가치보다 훨씬 싼 가격의 주식들을 '묶음(Group)'으로 사라. 그러면 당신은 결과적으로(Eventually) 돈을 잃지 않을 것이다."

이것은 리스크 관리에 대한 우리의 관점을 완전히 바꿔놓습니다. 진정한 리스크는 주가의 단기적인 하락이 아닙니다. 진정한 리스크란, 단 한 번의 치명적인 실수로 다시는 투자라는 게임에 참여할 수 없게 되는 '파산의 위험(Risk of Ruin)'입니다.

이 원칙의 이면에는 '내가 아무리 똑똑해도 틀릴 수 있다'라는 깊은 겸손이 깔려 있습니다. 하나의 아이디어에 모든 것을 거는 올인 투자는 99%의 확률로 성공하더라도 단 1%의 실패로 모든 것을 잃게 만듭니다. 버핏의 친구 중 한 명은 레버리지를 이용해 빠르게 부자가 되려다 파산했고, 버핏은 그를 안타까워하며 이렇게 말했습니다. "그는 빠르게 부자가 되길 원했고, 지금 그는 우리 곁에 없다." 버핏이 말한 '잃지 말아야 할 돈'이란 평가액 그 자체가 아니라, 우리에게 미래의 복리를 안겨줄 기회 그 자체인 것입니다.

이 장에서는 바로 이 '영구적인 자본 손실'을 피하기 위한 구체적인 방법을 다룰 것입니다. 역사상 가장 똑똑했던 천재들이 어떻게 한순간에 모든 것을 잃었는지(LTCM 사태), 그리고 우리 안의 심리적 함정들이 어떻게 파산의 위험을 높이는지를 통해 진정한 의미의 리스크 관리법을 배워보겠습니다. 실패하지 않는 첫걸음은 실패가 무엇인지 올바르게 정의하는 것에서 시작합니다.

실패에서 배우는 지혜: LTCM의 교훈

1998년, 전 세계 금융 시스템을 붕괴 직전까지 몰고 갔던 LTCM의 파산은 인간 지성의 한계와 리스크의 본질에 대한 깊은 성찰을 요구하는 역사적인 사례입니다. 당대 최고의 금융 전문가들과 노벨 경제학상 수상자들이 만든 '과학적인' 투자 시스템이 왜 그토록 허무하게 무너졌는지 되짚어보는 것은 모든 투자자가 반드시 새겨야 할 교훈을 줍니다.

리스크의 진짜 얼굴

LTCM의 비극은 리스크를 과거 데이터와 통계 모델 안에 가두어 통제할 수 있다고 믿었던 오해에서 시작되었습니다. 그들은 측정 가능한 '리스크'만을 다룰 뿐, 통계 모델이 예측하는 것보다 훨씬 더 자주, 그리고 큰 폭으로 발생하는 극단적인 사건, 즉 '꼬리 위험(Tail Risk)' 또는 '블랙스완'의 가능성을 간과했습니다. 또한, 위기 시 시장의 유동성이 순식간에 증발할 수 있다는 '유동성 리스크'와 자기자본의 수십 배에 달하는 '레버리지 리스크'

가 결합하며 파멸적인 손실로 이어졌습니다.

지적 겸손의 가치

LTCM 구성원들의 뛰어난 지적 능력은 역설적으로 시장의 복잡성을 과소평가하는 '지적 오만함'으로 이어졌습니다. 그 어떤 천재도 시장 앞에서는 겸손해야 하며, 자신의 지식과 모델에 대한 맹신은 파멸을 부를 수 있다는 뼈아픈 교훈입니다. 진정한 지혜는 자신이 무엇을 알고 무엇을 모르는지를 명확히 인지하는 데서 시작합니다.

자기 통제와 규율

LTCM의 핵심 멤버였던 빅터 하가니는 이 경험 이후 투자 성공의 가장 중요한 요소는 정교한 모델이 아니라 과신, 손실 회피, 확증 편향 등 인간의 본능적인 약점을 통제하는 '자기 통제'와 '규율'임을 강조했습니다. 투자자 스스로 자신의 한계를 인정하고, 이를 보완하기 위한 객관적이고 체계적인 프로세스를 구축하는 것이 무엇보다 중요합니다.

변동성 함정 피하기: 5가지 실수와 극복 방안

LTCM의 실패는 극단적인 사례지만, 변동성이 큰 시장에서 많은 투자자가 놀랍도록 예측 가능하고 반복적인 실수를 저지릅니다. 이러한 심리적 함정의 패턴을 이해하는 것만으로도 우리는 더 나은 투자 결정을 내릴 수 있습니다.

실수 1. 공포에 질려 모든 것을 내던진다 (패닉 셀링)

- **함정**: 자산 가치가 급락하는 것을 보며 '지금이라도 팔아서 남은 것이라도 건져야 한다'라는 공포감에 사로잡혀 투매하는 행위입니다. 이는 잠재적 평가 손실을 영구적인 실제 손실로 확정 짓는 가장 파괴적인 실수입니다.
- **대안**: 장기적인 투자 목표와 기간을 다시 상기해야 합니다. 시장은 수많은 위기 속에서도 결국 회복하고 우상향해왔다는 역사의 교훈을 믿고 평정심을 유지하는 것이 중요합니다.

실수 2. 현금 속에 숨어 기회를 놓친다 (Staying in Cash Too Long)

- **함정**: 패닉 셀링 이후 '혹시 더 떨어지면 어떡하지?' 하는 공포 때문에 재진입 시점과 상승장을 놓치는 실수입니다. 장기간 현금을 보유하는 것은 인플레이션으로 인해 실질 구

매력이 하락하는 위험에도 노출됩니다.
- **대안:** 시장의 정확한 바닥을 잡으려는 시도는 불가능합니다. 대신, 정액분할 투자(Dollar-Cost Averaging) 전략을 활용하여 보유한 현금을 여러 번에 걸쳐 나누어 꾸준히 매수하면서 점진적으로 시장에 복귀하는 것이 효과적입니다.

실수 3. 근거 없는 자신감으로 떨어지는 칼날을 잡는다(Overconfidence)
- **함정:** 주가가 크게 하락했다는 이유만으로 '이제 충분히 싸졌다'라고 속단하고, 충분한 분석 없이 섣불리 매수하는 행동입니다. 기업의 펀더멘털이 이미 훼손되었다면, 그 주식은 싸 보이는 가격표를 단 '가치 함정'일 뿐이며 이는 회복 불가능한 손실로 이어질 수 있습니다.
- **대안:** 더욱 겸손한 자세로 자신의 능력 범위(Circle of Competence)를 명확히 인지해야 합니다. 잘 알지 못하는 기업의 주가가 단순히 많이 떨어졌다는 이유만으로 매수해서는 안 됩니다. 자신이 오랫동안 연구하고 이해해온 좋은 기업의 주가가 내재가치 대비 충분한 안전마진을 가지고 하락했을 때만 매수를 고려하는 것이 현명합니다.

실수 4. 손실은 외면하고, 이익은 서둘러 챙긴다(처분 효과)
- **함정:** 손실이 난 종목은 본전 생각에 팔지 못하고, 이익이

난 종목은 작은 수익에 만족하며 너무 일찍 파는 비합리적인 행동 패턴입니다. 결과적으로 포트폴리오에는 나쁜 주식만 남고, 크게 성장할 좋은 주식은 사라지게 됩니다.
- **대안**: 과거의 매수 가격에서 벗어나 "내가 지금 현금을 가지고 있다면, 이 가격에 이 주식을 새로 매수할 것인가?"라는 질문을 스스로에게 던져보는 것이 효과적입니다. 대답이 '아니오'라면 현재 손실 여부와 관계없이 매도를 고려해야 합니다.

실수 5. 자산 배분의 핵심 원칙, 리밸런싱을 잊는다

- **함정**: 자산 배분 비율을 한번 설정하고 난 후, 시장 변화에 따라 위험 수준이 변했는데도 이를 방치하는 실수입니다. 이는 이후 시장이 반등할 때 충분한 수익을 얻지 못하거나, 의도치 않게 너무 큰 위험에 노출되는 결과를 낳을 수 있습니다.
- **대안**: 사전에 명확한 자산 배분 비율 목표를 설정하고, '시간 기준(예: 매년 1회)' 또는 '비중 기준(예: 목표 비중에서 ±5%p 이탈 시)' 등 자신만의 리밸런싱 계획을 세워 기계적으로 실행해야 합니다. 이는 감정에 휘둘리지 않고 자연스럽게 싸게 사서 비싸게 파는 역발상 투자를 실행하게 하는 강력한 도구입니다.

실수는 성장의 밑거름, 원칙과 시스템으로 무장하라

변동성이 큰 시장 환경은 필연적으로 투자자의 심리를 시험하고 실수를 유발합니다. 중요한 것은 실수를 두려워하는 것이 아니라, 이러한 실수들이 인간의 본능적인 심리적 편향에서 비롯된 예측 가능한 패턴임을 이해하는 것입니다. 그리고 이를 성장의 기회로 삼으려는 자세입니다. 자신만의 명확한 투자 철학과 원칙을 확립하고, 어떤 시장 상황에서도 이를 지키려는 굳은 의지와 규율을 갖추어야 합니다. 이러한 내적인 원칙과 시스템으로 단단히 무장할 때, 우리는 변동성이라는 파도를 두려워하기보다는 오히려 그 파도를 타고 장기적인 성공이라는 목적지를 향해 더욱 힘차게 나아갈 수 있을 것입니다.

5부

FundEasy의
실전 투자 전략

5부에서는 지금까지 다뤘던 모든 과정을 하나로 합치는 저의 '실전 투자 이야기'를 공유하고자 합니다. 하나의 투자 아이디어가 어떤 관찰(탑다운)에서 시작되어, 어떤 분석(바텀업)을 거치고, 어떤 고민(가치평가) 끝에 실제 투자로 이어졌는지, 그 전 과정을 투명하게 보여드릴 것입니다. 이는 완벽한 성공담이 아니라, 원칙을 지키기 위해 고군분투했던 현실적인 기록에 가깝습니다.

실전 사례 1

'전기화'라는 메가트렌드에 올라타기

[탑다운 분석] 하나의 질문에서 시작되었다
"미국의 노후화된 전력망이 교체된다는데?"

전력 인프라 투자는 이 질문에서 시작되었습니다. 피터 린치의 책 『전설로 떠나는 월가의 영웅』에는 1960년대부터 시작된 전기 사용량 증가로 관련 인프라 투자가 10년 이상 지속되었고, 당시 전력 관련 산업이 성장주였다는 이야기가 나옵니다. 보통 전력 인프라의 교체 주기가 30년인데, 미국은 1960년대에 투자했던 설비들을 50년 넘게 사용하고 있어 교체 수요가 진행 중이라는 것을 여러 기사와 산업 리포트를 통해 확인했습니다.

트럼프 1기 시절부터 바이든 정부까지 모두 인프라 투자를 강조했고, 리쇼어링과 외국 기업의 투자 유치를 적극적으로 펼쳤기에 인프라 교체 수요는 너무나 당연해 보였습니다.

마침 그 시기는 전기차와 신재생 에너지가 주목받던 때였습니다. 두 산업이 성장할수록 전력 수요가 폭발적으로 증가할 것이므로 전력 인프라의 확충은 필연적이라고 생각했습니다. 저는 수요와 공급의 불균형이 가장 큰 산업을 선호하기 때문에 전기차나 배터리 대신 전력 인프라 산업을 집중적으로 공부하기 시작했습니다.

특히 초고압 변압기는 미국 내 기업들이 수요를 감당하지 못해 리드타임(주문부터 납품까지 걸리는 시간)이 계속 길어지고 있었습니다. 게다가 미국이 중국산 제품을 공급망에서 배제하면서 한국의 전력기기 기업들이 큰 수혜를 볼 것이라고 확신했습니다. 그래서 미국에 공장을 보유하고 있던 **HD현대일렉트릭**과 2021년 말 CEO 래리 컬프가 발표한 3개 회사(항공, 헬스케어, 에너지) 분사 계획으로 가치 재평가가 기대되던 GE라는 두 기업을 주목하게 되었습니다.

이렇게 확신을 가지고 매수를 고려했을 당시, HD현대일렉트릭의 주가는 이미 많이 상승해 45,000원을 넘어가고 있었습니다. 하지만 에너지 인프라의 사이클은 매우 길고, AI라는 새로운 변수까지 더해지면 성장성이 더 가팔라질 것이라 확신하고 투자를 결정했습니다.

[바텀업 퀄리티 분석] 최고의 선수를 찾아서

재무는 튼튼한가?

두 기업은 각기 다른 매력을 가졌습니다. HD현대일렉트릭은 오랜 불황 끝에 강력한 구조조정을 마친 상태였습니다. 재무제표상으로는 과거의 상처가 남아 있었지만, 저는 급증하는 '수주 잔고'에 주목했습니다. 이는 미래의 이익과 현금흐름이 극적으로 개선될 것이라는 가장 확실한 신호였습니다. GE는 래리 컬프의 주도 아래 2023년 초 GE헬스케어를 성공적으로 분사시키며 약속을 지켰습니다. 그리고 남아 있는 에너지(미래의 GE 버노바)와 항공 사업부 분사에 대한 시장의 기대를 한 몸에 받고 있었습니다. 저는 이 분사 계획이 복잡한 재무구조에 가려져 있던 진짜 현금흐름과 본질 가치를 드러낼 것이라고 확신했습니다.

어떤 해자를 가졌는가?

HD현대일렉트릭의 해자는 초고압 변압기를 만드는 '프로세스 파워'와 '규모의 경제'에 있었습니다. 이는 신규 기업이 쉽게 진입

할 수 없는 높은 진입장벽을 의미했습니다. GE의 해자는 더욱 강력했습니다. 전 세계에 깔린 수많은 가스터빈과 풍력터빈에서 나오는 **전환비용** 기반의 장기 서비스 계약은 한번 설치하면 수십 년간 안정적으로 현금을 창출하는 마르지 않는 샘물 같았습니다.

경영진은 신뢰할 만한가?

HD현대일렉트릭의 경영진은 불황기에 저수익 사업을 과감히 정리하고, 고부가가치 제품과 북미, 중동 등 해외 시장 개척에 집중하는 선택과 집중 전략을 보여주었습니다. GE의 래리 컬프 CEO는 'GE 제국의 해체'라는 고통스럽지만 반드시 필요한 자본 배분을 실제로 실행하고 있음을 증명했습니다. 이는 단기 성과에 연연하지 않고, 장기적인 주주 가치를 극대화하려는 리더십의 증거라고 판단했습니다.

[가치평가 및 매수 결정] 내재가치와 안전마진

두 기업 모두 전통적인 PER 지표로는 매력을 설명하기 어려웠습니다. HD현대일렉트릭은 턴어라운드 기업이었기에 과거 이익이 아닌 미래에 창출할 현금흐름(FCF)을 기준으로 판단해야 했습니다. GE는 '숨겨진 자산 가치', 즉 사업부를 분할했을 때의 가치

(Sum-of-the-Parts)가 합쳐져 있을 때보다 훨씬 크다고 계산했습니다. 두 기업 모두 제가 설정한 요구수익률(연 10%)을 아득히 뛰어넘는 안전마진을 제공하고 있었습니다.

실제 매수 과정

저는 두 기업 모두에게 '정찰병'을 보내는 방식으로 투자를 시작했습니다. 이후 HD현대일렉트릭의 수주 공시가 계속해서 발표되었고, GE의 분사 계획이 구체화하는 것을 확인하며 제 투자 가설에 대한 확신을 키웠습니다. 그리고 시장이 다른 곳에 한눈을 팔 때, 저는 꾸준히 비중을 늘려나가는 '불타기'를 실행했습니다.

[동행의 과정] 흔들리지 않는 기준의 중요성

기업을 매수했다고 끝이 아니라, 지속적으로 모니터링하며 동행해야 합니다.

HD현대일렉트릭: 단기 데이터의 유혹

HD현대일렉트릭의 경우 모니터링이 비교적 쉬운 편이었습니다. 10일마다 발표되는 수출입 데이터를 통해 실적을 가늠할 수 있었기 때문입니다. 하지만 너무 자주 데이터를 확인하고 수출액에만 집중하다 보니, 한번 수출 금액이 줄어들어 주가가 변동할 때마다 제 마음도 함께 흔들렸습니다. 이 경험을 통해 저는 깨달았습니다. 수주 기반 산업의 핵심은 단기 데이터가 아니라, '산업의 사이클이 지속되는가'와 '수주가 계속 이어지는가'라는 더 큰 그림에 집중해야 한다는 것을 말입니다.

GE: 장기 트렌드에 대한 믿음

GE의 경우 항공과 에너지 사업부의 분사 후에도 큰 무리 없이 동행을 이어갈 수 있었습니다. 저의 투자 아이디어 자체가 처음부터 '전기화'라는 메가트렌드에 기반했기 때문입니다. 전기차, 신재생에너지를 넘어 이제는 AI 데이터센터까지 전기를 더 많이 필요로 하는 세상의 흐름은 변하지 않을 것이라는 확신이 단기적인 변동성을 이겨내는 힘이 되었습니다.

이 사례는 제가 이 책에서 강조한 모든 원칙이 하나의 투자 결정으로 이어지는 과정을 보여줍니다. 이 투자를 통해 저는 두 가지 중요한 교훈을 얻었습니다.

첫째, **탑다운으로 메가트렌드를 먼저 읽고, 바텀업으로 기업을 고르는 전략**이 얼마나 강력한지 확인할 수 있었습니다.

둘째, 시장의 화려한 주인공보다 그 주인공에게 '곡괭이'를 파는 기업에 집중하는 것이 때로는 더 마음 편하고 큰 수익을 가져다준다는 사실입니다.

실전 사례 2

비싼 학위 대신 '기술'을 선택한 세대

[탑다운 분석] 하나의 글에서 시작되었다
"대학 학위의 가치에 대한 회의론"

이 투자 아이디어는 2023년 하반기에 미국 사회의 근본적인 변화에 대한 관찰이 담긴 글에서 시작되었습니다. 뉴욕 연준의 글이었는데 바로 수십 년간 '아메리칸드림'의 필수 코스처럼 여겨졌던 대학 학위의 가치에 대한 회의론이었습니다. 천문학적인 학자금 대출 부담은 커지는 반면, 좋은 일자리는 줄어드는 현실 속에서 미국의 젊은 세대들이 비싼 학위 대신 실질적인 '기술'을 배우는 길을 선택하기 시작한 것입니다.

이러한 사회적 변화에 두 가지 거대한 트렌드가 기름을 부었습니다.

첫째는 '리쇼어링(Reshoring)'으로 인한 숙련된 기술 인력 수요의 폭발입니다.
둘째는 'AI 혁명으로 인한 업스킬링(Up-skilling) 수요'입니다.

이 거대한 흐름 속에서 저는 전통적인 4년제 대학이 아닌, 사회가 진짜 필요로 하는 '실용적인 직업 기술 교육'을 제공하는 기업들에게 장기적인 성장의 기회가 열리고 있다고 판단했습니다.

이러한 확신을 바탕으로 시장을 탐색하던 중 미국 최대 기술 전문 교육기관 중 하나인 'Universal Technical Institute(UTI)'를 발견했습니다.

이 가설은 UTI 경영진의 목소리를 통해 다시 한번 확인되었습니다. UTI의 CEO 제롬 그랜트(Jerome Grant)는 2025년 2분기 실적 발표에서 "4년제 대학이 모두를 위한 것은 아니라는 인식이 부모들 사이에서 크게 공감대를 형성하고 있으며, 미국의 인프라를 강화하려는 정치적 메시지들이 '그렇다면 어떤 직업이 유망한가?'라는 질문으로 이어지고 있다"라고 언급했습니다. 이는 저의 탑다운 분석이 시장의 현실과 정확히 일치하고 있음을 보여주는 강력한 증거였습니다.

[바텀업 퀄리티 분석] 최고의 선수를 찾아서

재무는 튼튼한가?

제가 주목했을 당시, UTI는 실제로 놀라운 성장세를 보이고 있었습니다. 2025년 2분기, 신규 학생 수는 전년 대비 21.4% 급증했고, 전체 평균 재학생 수도 10% 이상 증가했습니다. 이에 힘입어 매출은 약 13% 성장한 2억 740만 달러를 기록하며 시장의 기대를 뛰어넘는 실적을 발표했습니다.

물론 투자를 고려했을 당시, 퀄리티 지표로 항상 참고하는 ROIC와 ROCE는 낮은 수준이었습니다. 하지만 저는 회사가 진

[그림 6] UTI의 ROIC와 ROCE

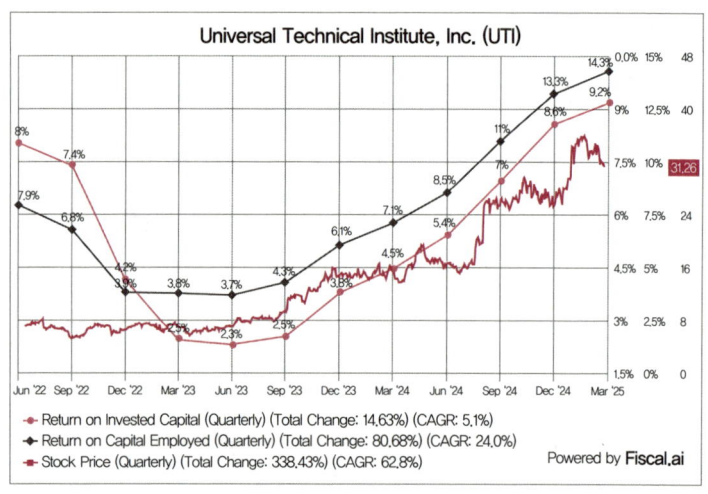

출처: Fiscal.ai

행하는 새로운 교육시설 투자와 앞으로 크게 증가할 교육생 수를 고려했을 때 이 지표들이 극적으로 개선될 것이라고 판단했습니다. 실제로 [그림 6]에서 볼 수 있듯, 시간이 지나면서 두 지표는 꾸준히 개선되었고, 주가 역시 이를 반영하며 상승하는 추세를 보였습니다.

어떤 해자를 가졌는가?

UTI의 해자는 단순히 기술을 가르치는 것을 넘어 학생들의 '취업'을 책임지는 강력한 시스템에 있었습니다. 포드, BMW 등 35개가 넘는 글로벌 기업들과의 파트너십을 통해 맞춤형 교육과정을 개발하고 취업을 직접 연계하는 독보적인 프로세스 파워(Process Power)를 구축했습니다. 또한, 'UTI를 졸업하면 좋은 일자리를 얻을 수 있다'라는 평판은 강력한 '브랜드의 신뢰성(Branding)'으로 작용했습니다.

경영진은 신뢰할 만한가?

UTI의 경영진은 노스 스타(North Star)라는 명확한 성장 전략 아래, 시대의 흐름에 맞는 새로운 분야로 교육 포트폴리오를 적극적으로 확장하고 있었습니다. 특히 매년 2개 이상의 신규 캠퍼스를 열겠다는 구체적인 실행 계획을 꾸준히 이행하는 모습을 보였습니다. 이를 통해 미래 성장 동력을 찾아 나서는 통찰력과 실행력을 겸비한 리더십을 확인할 수 있었습니다.

[가치평가 및 매수 결정] 인식의 괴리가 만든 안전마진

당시 시장은 UTI를 여전히 '과거의 부실한 직업학교'라는 낡은 프레임으로 보고 있었습니다. 하지만 저는 '리쇼어링'과 '업스킬링'이라는 새로운 순풍을 만난, 완전히 다른 기업으로 변모하고 있다고 판단했습니다. 과거의 실적이 아닌, 미래의 '신규 학생 수 증가세'와 'North Star 성장 전략'을 바탕으로 미래 현금흐름을

[그림 7] UTI의 PER vs 주가

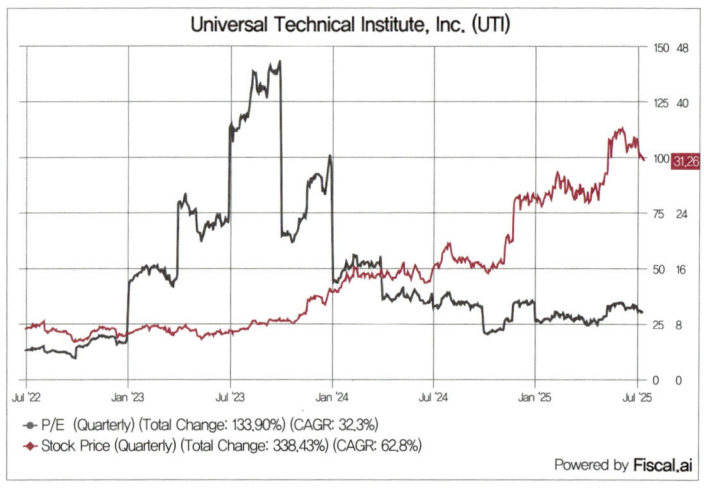

출처: Fiscal.ai

추정했을 때, 당시 주가는 제가 설정한 요구수익률(연 10%)을 아득히 뛰어넘는 충분한 안전마진을 제공하고 있었습니다. 높은 PER로 인해 고평가라는 인식이 있을 수 있었지만, 개선되는 사업 환경과 이익 성장을 확신했기에 매수를 결정할 수 있었습니다.

[실제 매수 과정] 확신을 키우는 '불타기'

저는 확신을 검증하기 위해 '정찰병'을 보내는 방식으로 투자를 시작했습니다. 이후 분기 실적 발표에서 등록 학생 수가 예상대로 증가하고, 경영진이 "숙련 기술 분야의 수요가 우리의 초기 예상을 뛰어넘고 있다"라고 언급하는 것을 확인하며 확신을 키웠습니다. 그리고 이 기업의 진정한 가치를 시장이 아직 깨닫지 못하고 있을 때, 꾸준히 비중을 늘려나가는 '불타기'를 실행해서 5%까지 비중을 늘려서 투자를 진행했습니다.

[동행의 과정] 가설을 검증하는 시간

UTI를 매수한 이후, 저는 매분기 실적 발표마다 두 가지를 집중적으로 확인했습니다.

첫째, 저의 초기 투자 아이디어의 핵심이었던 '신규 학생 수 증가세'가 꺾이지 않고 유지되는가?

둘째, 경영진이 약속했던 North Star 전략(신규 캠퍼스 확장, 신규 프로그램 도입)이 계획대로 실행되고 있는가?

주가가 단기적으로 흔들릴 때도 있었지만, 이 두 가지 핵심 가설이 훼손되지 않았기에 동행을 이어갈 수 있었습니다.

[교훈] 사회의 구조적 변화에 숨겨진 기회

이 투자는 저에게 '가장 큰 기회는 종종 사회의 구조적인 변화 속에 숨어 있다'라는 교훈을 주었습니다. 화려하게 주목받는 AI 기업이 아니더라도, AI 혁명이 만들어내는 사회 변화의 빈틈을 채워주는 기업에 엄청난 기회가 있을 수 있다는 것입니다. 한국에서 기술직에 대한 인식을 토대로 바라보면 아마도 투자하기 힘들었을 수도 있습니다. 인식의 한계를 깨고 철저하게 미국인의 입장에서 생각하려고 노력했던 결과라고 볼 수 있습니다.

실전 사례 3

다시 떠나는 사람들, 크루즈 산업의 부활

[탑다운 분석] 데이터 속에서 시작되었다
"여행 트렌드에 대한 데이터 분석"

이 투자 아이디어는 2024년 여름 여행 트렌드에 대한 데이터 분석에서 시작되었습니다. 경기 둔화 우려에도 불구하고, 여행에 대한 소비자들의 지출은 매우 견고했습니다. 특히 저의 눈길을 끈 것은 크루즈 산업의 압도적인 부활이었습니다.

뱅크오브아메리카 데이터에 따르면, 2024년 상반기 크루즈 지출은 전년 대비 12%나 증가하며 다른 여행 분야를 압도했습니다. 이는 팬데믹 기간 동안 억눌렸던 수요의 폭발이자, 경제적 여유가 있는 베이비붐 세대의 소비가 견인하는 구조적인 트렌드였습니다. 저는 '올인클루시브'라는 가치 제안과 편리함이 결합해 크루즈가 팬데믹 이후 가장 매력적인 여행 방식으로 자리매김하고 있다고 판단했습니다.

[바텀업 퀄리티 분석] 최고의 선수를 찾아서

'크루즈 산업'이라는 유망한 운동장을 찾았으니, 이제 그 안에서 뛸 최고의 선수를 고를 차례였습니다. 저는 업계 리더 중 하나인 '로열캐리비안 그룹(Royal Caribbean Group, RCL)'에 집중했습니다.

재무는 튼튼한가?

RCL의 재무는 극적인 'V자 반등'을 보여주고 있었습니다. 2024년 2분기 순이익은 예상을 뛰어넘었고, 탑승률(Load Factor)은 108%를 기록하며 배가 가득 찬 상태로 운항하고 있었습니다. 무엇보다 회사가 2025년 말까지 달성하겠다던 '트리펙타(Trifecta)' 목표(ROIC 10%대, 조정 EPS 두 자릿수, 조정 EBITDA 세 자릿수)를 18개월이나 앞당겨 조기 달성했습니다. 이는 경영진의 뛰어난 위기관리 및 실행 능력을 증명하는 것이었습니다.

어떤 해자를 가졌는가?

RCL의 해자는 더욱 강력해지고 있었습니다.

첫째, '아이콘 오브 더 시즈' 같은 혁신적인 신규 선박은 그 자체로 하나의 목적지가 되어 경쟁사가 따라올 수 없는 경험을 제공했습니다. 둘째, '퍼펙트 데이 앳 코코케이' 같은 독점적인 기항지는 고객 만족도와 추가 수익을 동시에 창출하는 강력한 무기였습니다. 이 두 가지는 RCL의 '**브랜드**'와 '**프로세스 파워**' 해자를 더욱 깊게 만들고 있었습니다.

경영진은 신뢰할 만한가?

RCL의 경영진은 위기 극복 능력을 증명했습니다. 특히 2024년 2분기에 회사는 **배당금 지급을 재개**하기로 결정했습니다. 이는 재무 건전성에 대한 자신감이자, 주주 환원을 중요하게 생각하는 자본 배분 원칙을 보여주는 명확한 신호였습니다. CEO 제이슨 리버티는 실적 발표에서 "우리의 입증된 공식은 보통의 수용 능력 성장, 보통의 수익률 성장, 그리고 강력한 비용 통제"라고 언급하며, 지속 가능한 성장에 대한 명확한 비전을 제시했습니다.

[가치평가 및 매수 결정] 가장 어려운 결정의 순간

본격적으로 투자를 고려하던 2024년 5월, RCL의 주가는 이미 팬데믹 이전의 고점을 막 넘어서고 있었습니다. 많은 투자자가 '이미 오를 만큼 올랐다'라고 생각할 수 있는 심리적으로 매우 부담스러운 시점이었습니다. 하지만 저는 세 가지 이유로 여전히 충분한 안전마진이 존재한다고 판단했습니다.

[그림 8] 2024년 중반, RCL의 주가는 팬데믹 이전 고점을 회복하며 상승하는 모습

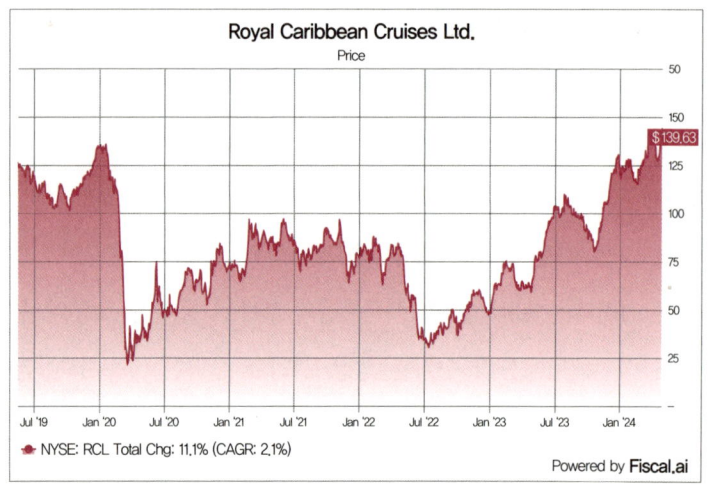

출처: Fiscal.ai

첫째, 압도적인 가치 격차(Value Gap)

CEO 제이슨 리버티가 꾸준히 강조했듯, 크루즈 여행의 가치는 여전히 호텔, 리조트 등 육상 기반 휴가에 비해 20% 이상 저렴했습니다. 저는 이 '가치 격차'가 미래에 점차 축소될 것이며, 이것이 곧 RCL의 가격 인상 잠재력이라고 보았습니다.

둘째, 시장의 과소평가

시장은 RCL의 정상화는 가격에 반영했지만, 정상화를 넘어선 성장은 아직 충분히 반영하지 않고 있었습니다.

셋째, 베이비부머 세대의 은퇴

팬데믹 시절부터 시작된 베이비부머들의 본격적인 은퇴가 계속되면서 크루즈의 수요가 꾸준할 것이라는 생각이었습니다.

[실제 매수 과정] 달리는 말에 올라타는 용기

이러한 확신을 바탕으로 저는 '이미 오른 주가'라는 소음 대신, '앞으로 더 벌어들일 이익'이라는 신호에 집중했습니다. 그리고 정찰병과 불타기 원칙에 따라 시장의 단기적인 우려로 주가가 잠시 조정을 보일 때마다 꾸준히 비중을 늘려나갔습니다.

[동행의 과정] 핵심 지표를 통한 믿음의 확인

RCL과 동행하는 과정에서 가장 중요하게 모니터링한 것은 '미래 예약률(Booking Curve)'과 '선상 소비(Onboard Spending)' 데이터였습니다. 이 두 지표가 업계 최고 수준에서 견고하게 유지되는 한, 크루즈 산업의 구조적 성장에 대한 저의 믿음은 흔들리지 않았습니다.

[교훈] '주가'가 아닌 '가치'에 집중하라

이 투자는 주가가 아닌 가치에 집중해야 한다는 교훈을 다시 한번 일깨워주었습니다. 주가가 전고점을 돌파했다는 사실은 과거의 데이터일 뿐, 미래의 가치를 결정하지는 않습니다. 중요한 것은 "그래서 앞으로 더 성장할 수 있는가?"라는 질문입니다.

시장의 비관론이 걷히고 낙관론이 피어나는 바로 그 시점에 진짜 가치를 알아보는 안목과 용기가 있다면, 이미 달리기 시작한 말에 올라타는 것도 훌륭한 투자가 될 수 있다는 것을 배웠습니다.

실전 사례 4

아이디어 발굴부터 검증까지 (2025년 7월 기준)

앞선 세 가지 사례가 과거의 분석과 복기를 통해 완성된 '이야기'였다면, 이번 장은 지금 이 순간에도 하나씩 발굴하고 있는 저의 '현재 관심 목록'이자 '아이디어 노트'를 투명하게 공개하려고 합니다.

이 목록은 매수 추천 리스트가 절대 아닙니다. 오히려 1부부터 4부까지 함께 배운 탑다운과 바텀업의 원칙들이 실제 시장의 수많은 정보 속에서 어떻게 하나의 투자 가설로 응축되는지를 보여주는 생생한 예시입니다. 이미 실적 발표를 하고 난 뒤에 아이디어를 정리한 것이기에 주가가 이미 반응했을 수 있습니다. 그리고 간략하게 메모한 것이기에 틀릴 수도 있습니다. 이 짧은 아이디어들이 저의 기준을 통과하여 실제 투자로 이어질 수도, 혹은 더 깊은 분석 과정에서 폐기될 수도 있습니다.

중요한 것은 결과가 아닌 과정입니다. 이 장을 통해 여러분도 저와 함께 세상을 관찰하고 연결하며, 자신만의 투자 아이디어를 발굴하는 과정을 훈련하는 계기가 되기를 바랍니다.

거시적 변화와 구조적 수혜 기업

세상을 바꾸는 거대한 흐름(메가트렌드) 속에서 구조적인 수혜를 받을 수 있다고 판단되는 기업들입니다.

방위 산업: L3harris, General Dynamics

지정학적 불안정성이 장기화하면서 국방 예산 증가는 거스를 수 없는 흐름이 되었습니다. 특히 L3해리스(L3Harris)는 조비 에비에이션(Joby Aviation)과의 협력을 통해 국방 분야의 전기 항공기라는 새로운 성장 동력을 확보하고 있습니다. 제너럴다이내믹스(General Dynamics)는 전통적인 항공 수요 회복과 더불어 해군력 증강 계획의 핵심 수혜주로 판단됩니다.

항공기 리스: Air Lease, AerCap

팬데믹 이후 폭발적으로 증가한 여행 수요에 비해 보잉과 에어버스의 신규 항공기 생산 능력은 여전히 제한적입니다. 이 공급 병목 현상이 해소되기까지 최소 1년 이상이 걸리므로 항공기 리스 시장은 강력한 가격 결정력을 가질 수밖에 없는 구조적 호황기에 놓여 있습니다.

규제 변화: SXT - Sensient Technologies

미국식품의약국(FDA, Food and Drug Administration)은 1월 15일 연방 식품, 의약품 및 화장품법(FD&C 법)의 델라니 조항(Delany Clause, 사람이나 동물에게 암을 유발하는 물질로 알려진 어떠한 첨가물도 사용이 허가되지 않음)에 따라 식품 및 의약품에 식용색소 적색 3호의 사용 승인을 취소한다고 발표했습니다.

더불어, FDA와 미국 보건복지부(HHS)는 2025년 4월, 모든 석유 기반 합성 식용 색소를 식품 공급망에서 단계적으로 퇴출시키겠다는 야심 찬 계획을 발표했습니다. 주요 6종 색소의 자발적 퇴출 유도를 발표했는데 청색 1호, 청색 2호, 녹색 3호, 적색 40호, 황색 5호, 황색 6호 등 널리 사용되는 6가지 합성 색소에 대해 2026년 말까지 업계가 자발적으로 사용을 중단하도록 유도했습니다.

이런 조치는 천연 색소 시장의 기술적 해자를 가진 SXT에게 반박의 여지가 없는, 강력하고 장기적인 성장 동력을 제공할 것입니다. 이는 정부의 규제가 특정 기업에게 어떻게 강력한 순풍이 되어주는지를 보여주는 교과서적인 사례입니다.

전략 자원: MP – MP Materials

미·중 갈등 속에서 희토류와 같은 전략 자원의 자국 내 공급망 확보는 국가 안보의 문제가 되었습니다. 미국 정부가 최소 구매 금액을 보장하는 방식으로 투자를 촉진하는 MP는 단순한 원자재 기업을 넘어 지정학적 해자를 가진 기업으로 재평가할 필요가 있습니다.

미국 인프라: ROAD – Construction Partners

리쇼어링과 인프라 법안의 영향으로, 특히 미국 남동부 지역의 인프라 투자는 견조한 흐름을 보이고 있습니다. ROAD의 꾸준한 수주잔고 증가는 이러한 거시적 흐름이 실제 기업 실적으로 연결되고 있음을 증명합니다.

2. 데이터센터와 AI 혁명

AI 혁명이라는 거대한 파도의 주인공은 AI 모델 그 자체가 아니라, 그 모델을 구동하기 위한 '곡괭이'를 파는 인프라 기업일 수 있습니다.

Advanced Energy Industries(AEIS)

데이터센터의 AI 애플리케이션에 이상적인 고효율, 고전력 밀도 제품에 대한 수요가 급증하고 있습니다.

nVent(NVT)

데이터센터 냉각 솔루션과 인클로저(서버 보호 외함) 수주가 꾸준히 증가하고 있습니다. 정리 시점에 Forward P/E 24배는 이 성장성을 고려할 때 합리적인 수준으로 판단됩니다.

WESCO(WCC)

데이터센터 및 전력망 관련 유통 분야의 강자이지만, 높은 부채비율 때문에 시장에서 저평가받고 있는 것으로 보입니다. 대형 프로젝트 중심의 사업 믹스로 마진이 감소했고, 2020년 아닉스터(Anixter) 인수 후 재무 레버리지 비율(Financial Leverage Ratio)은 3.4배로 증가했습니다. 부채 해소와 마진이 다시 상승한다면 재평가가 기대됩니다.

Taxas Instrument(TI), Monolithic Power(MPWR)

엔비디아의 발언처럼 서버칩 효율을 높이기 위한 고전압 솔루션은 필수적입니다. 이 분야에서 핵심적인 전력 반도체 기술을 가진 기업들은 AI 성장의 숨겨진 수혜주입니다.

데이터 통신: MACOM

데이터센터 내부와 데이터센터 간의 데이터 전송 속도가 기하급수적으로 증가하면서 MACOM과 같은 고성능 광학 및 아날로그 반도체 기업의 구조적인 성장이 예상됩니다.

3. 소비 트렌드의 변화와 승자 독식

경기 둔화와 소비 심리 변화 속에서 소비 시장은 '가성비'와 '프리미엄 경험', 그리고 '강력한 브랜드'를 중심으로 재편되고 있습니다.

가성비 외식(EAT - Brinker Int'l)

멕시칸 음식 프랜차이즈 기업인 치폴레의 실적에서 확인된 중저소득층의 소비 감소는 저렴한 메뉴와 가성비를 제공하는 캐주얼 다이닝 기업인 칠리스(Chili's) 같은 브랜드에게 기회가 될 수 있습니다. 치킨윙 전문 프랜차이즈 기업 윙스탑(WING)의 실적 발표 후 급등은 이러한 시장의 변화를 명확히 보여주는 신호입니다.

프리미엄 건강식: CAVA

"하루 두 끼만 먹게 된다면, 한 끼는 더 건강하고 만족스러운 것을 먹겠다"라는 소비 심리는 지중해식 음식점인 CAVA(카바)와 같은 브랜드의 꾸준한 성장을 설명합니다. 가격이 저렴하지 않음에도 성장이 멈추지 않는다는 것은 강력한 브랜드 파워와 차별화된 가치를 증명하는 것입니다.

애슬레저 트렌드: CROX

편안함과 스타일을 동시에 추구하는 애슬레저 트렌드는 일시적인 유행을 넘어 하나의 라이프스타일로 자리 잡았습니다. CROX(크록스)는 이러한 트렌드의 중심에서 강력한 브랜드 파워를 바탕으로 꾸준한 성장을 보여주고 있습니다. 하지만 기존 스포츠 브랜드와의 경쟁 심화와 미국 정부가 베트남(20%), 중국(30%), 인도네시아(19%), 인도(50%), 캄보디아(19%) 등 주요 생산국으로부터의 수입품에 관세를 부과하면서 원가 부담에 따른 관세 리스크도 존재합니다.

플랫폼의 승자 독식: SHOP, CART

커머스 플랫폼 시장은 상위 소수 기업이 시장을 독점하는 승자 독식의 경향이 뚜렷해지고 있습니다. 쇼피파이(SHOP, Shopify Inc)는 독립 판매자들의 생태계를, 인스타카트(CART, Instacart)는 리테일과의 강력한 파트너십을 바탕으로 단순한 기술 기업을 넘어 각자의 영역에서 인프라가 되어가고 있습니다.

[심층 분석 예시]
아이디어 노트를 투자 가설로

이제 이 목록 중 몇 가지 아이디어를 2부에서 살펴본 '3개의 기둥'이라는 현미경으로 조금 더 깊이 들여다보겠습니다.

가설 1. LINDE: 우주 시대의 보이지 않는 인프라 지배자

탑다운 분석: 아이디어의 시작

이 아이디어의 출발은 LINDE(린데)의 CEO 산지브 람바(Sanjiv Lamba)의 실적 발표 컨퍼런스 콜 답변이었습니다. "미국 내 발사되는 로켓 5개 중 4개 이상에 우리가 가스를 공급하고 있습니다." 이 한 문장은 저에게 우주 산업이라는 화려한 테마 뒤에 숨겨진, 아무도 주목하지 않는 '인프라 독점'의 기회를 보여주었습니다. 로켓을 쏘아 올리는 스페이스X나

블루 오리진이 주목받을 때, 그 모든 로켓에 필수적인 '연료'와 '산화제'를 공급하는 기업이야말로 진짜 '승자의 과실'을 가장 안정적으로 얻을 수 있는 포지션이라고 판단했습니다.

바텀업 분석

1. **재무적 퀄리티:** LINDE는 이미 산업용 가스 분야의 글로벌 리더로서 수십 년간 안정적인 현금흐름과 높은 이익률을 증명해온 초우량 기업입니다. 재무적으로는 의심의 여지가 없는 퀄리티를 갖추고 있습니다.

2. **경제적 해자:** LINDE의 해자는 다층적입니다. 산업용 가스 사업 자체의 '규모의 경제'와 '프로세스 파워'도 강력하지만, 우주 산업에서는 '핵심 자원'에 가까운 독점적 공급망을 구축하고 있습니다. CEO의 발언처럼 10억 달러 규모의 인프라 투자는 후발주자들이 따라올 수 없는 강력한 진입 장벽, 즉 새로운 해자가 될 것입니다.

3. **경영진 퀄리티:** 경영진은 단순히 현재의 안정에 만족하지 않고, '우주 산업'이라는 미래 성장 동력에 과감한 자본 배분을 결정했습니다. 이는 회사의 장기적인 가치를 극대화하려는 매우 현명하고 비전 있는 리더십의 증거라고 판단합니다.

시장은 아직 LINDE를 전통적인 '가치주'로 평가하고 있지만, 그 안에는 '우주'라는 강력한 성장 엔진이 숨어 있습니다. 이 가치와 성장의 괴리가 바로 제가 찾는 매력적인 안전마진입니다.

가설 2. SXT(Sensient Technologies): 규제가 만들어낸 새로운 시장

탑다운 분석: 아이디어의 시작

이 아이디어는 FDA의 '합성 식용 색소 규제 강화'라는 다소 지루해 보이는 정책 변화에서 시작되었습니다. 하지만 드러켄밀러가 기업들의 목소리에서 거시경제의 변화를 읽어냈듯 저는 이 규제 속에서 천연 색소 시장의 구조적인 성장을 보았습니다. 식품 기업들은 이제 선택이 아닌 의무로 천연 색소를 사용해야 합니다. 이것은 정부가 법으로 새로운 수요를 창출해주는 것과 같습니다.

바텀업 분석

1. **재무적 퀄리티:** SXT는 오랜 기간 안정적인 재무 구조를 유지해온 기업입니다. 중요한 것은 앞으로 이 규제로 인해 매출과 이익률이 구조적으로 한 단계 레벨업될 가능성이 매우 크다는 점입니다.

2. **경제적 해자:** 천연 색소 기술은 단순히 원료를 섞는 것이 아니라 색상의 안정성, 순도, 질감을 구현하는 고도의 R&D가 필요한 영역입니다. SXT는 이 분야에서 오랜 기간 기술적 노하우와 특허라는 '프로세스 파워'와 '핵심 자원'을 축적해왔습니다.

3. **경영진 퀄리티:** 규제 변화를 예측하고, 수년 전부터 천연 색소 R&D에 꾸준히 투자해온 경영진의 선견지명은 높이 평가할 만합니다.

시장의 관심이 온통 AI와 같은 화려한 기술주에 쏠려 있을 때 SXT와 같은 기업은 조용히, 하지만 확실하게 성장할 준비를 마쳤습니다. 규제라는 가장 강력한 순풍을 탄 SXT의 미래는 시장의 예상보다 훨씬 더 밝을 수 있습니다.

부록

부록 1

FundEasy의 루틴과 공부 습관

저는 출퇴근이 필요한 평범한 'K-직장인'으로 투자를 위해 확보할 수 있는 시간이 제한적입니다. 그래서 저는 자투리 시간을 활용하고, 일정한 루틴을 만들어 투자 공부를 계속하고 있습니다.

- **아침**(오전 6시~출근 전): 기상 후 30분 정도 밤사이 미국 시장의 주요 소식을 빠르게 확인합니다. 시간이 여의치 않을 때는 유튜브 한경 글로벌마켓 채널의 '김현석의 월스트리트 나우'를 들으며 출근 준비를 합니다.
- **출퇴근 시간**(약 50분): 지하철에서 텔레그램 채널 등을 통해 해외의 주요 리포트나 뉴스를 보고 가능하다면 원문을 확인하려 노력합니다. 번역된 자료보다 원출처의 글을 읽는 것이 편향되지 않은 정보를 얻는 데 유리합니다.

- **퇴근 후:** 약속이 없는 날에는 저녁 식사 후 블로그나 텔레그램 채널에 새로운 산업의 소식이나 뉴스를 정리합니다. '1일 1포스팅'을 목표로 꾸준히 기록하는 것은 생각을 정교하게 만드는 데 큰 도움이 됩니다.
- **취침 전(오후 10시 30분 ~ 11시):** 저는 일찍 잠자리에 드는 편이라, 미국 주식 거래는 주로 프리마켓이나 애프터마켓을 활용합니다.

부록 2

투자의 효율을 높이는
핵심 사이트

제가 정보를 얻고, 분석하며, 투자 아이디어를 발전시키는 데 실제로 사용하는 사이트들입니다. 이 도구들을 어떻게 활용하느냐에 따라 분석의 속도와 깊이가 달라질 것입니다.

공신력 있는 경제/산업 뉴스

세상의 큰 흐름과 산업의 변화를 읽기 위해 꾸준히 확인하는 곳입니다. 단기적인 뉴스보다 구조적인 변화에 대한 깊이 있는 분석을 제공하는 매체를 선호합니다.

- **Dive**(industrydive.com): 제가 가장 즐겨보는 산업 뉴스 전문 사이트입니다. 바이오, 유통, 운송, 건설 등 20개가 넘는 핵심 산업의 최신 동향과 심층 분석 기사를 매일 이메일로 보내

줍니다. 특정 산업의 트렌드를 놓치지 않는 데 큰 도움이 됩니다.

- **월스트리트저널**(WSJ), **파이낸셜타임스**(FT): 설명이 필요 없는 세계 최고의 경제지입니다. 단순한 뉴스를 넘어 세상을 움직이는 구조적인 변화에 대한 수준 높은 분석을 제공합니다.
- **블룸버그**(Bloomberg), **로이터**(Reuters): 금융시장의 데이터와 속보에 강점을 가진 언론사로, 빠르고 객관적인 정보를 얻는 데 유용합니다.

기업 분석 및 데이터

기업의 재무 데이터와 실적 발표 내용을 확인하고, 가치를 평가하는 데 사용하는 사이트들입니다.

- Fiscal.ai(구 Finchat): 제가 가장 강력하게 추천하는 사이트입니다. 기업의 실적 발표 녹취록(Transcript), 프레젠테이션 자료 등을 AI로 분석하고 질문할 수 있어 기업 분석의 속도와 깊이를 극적으로 향상시켜 줍니다.
- Yahoo Finance, Investing.com: 가장 대중적인 사이트로 각종 지표와 차트를 무난하게 확인할 수 있습니다.
- Finviz: 미국 주식시장의 흐름을 한눈에 보여주는 '마켓맵' 기능을 주로 사용합니다.

- **TradingView:** 전 세계 거의 모든 자산의 차트를 볼 수 있는 가장 강력한 차트 도구입니다.
- **stockanalysis.com:** 글로벌 기업의 재무 데이터를 매우 깔끔하고 보기 편하게 정리해줍니다.

부록 3

AI를 나의 투자 비서로 만드는 법

많은 분이 "어떻게 그 많은 기업을 분석하느냐"라고 질문합니다. 저의 대답은 "AI를 적극적으로 활용한다"입니다. AI를 활용한 후, 제가 분기마다 분석하는 기업의 수는 30개에서 500개 이상으로 늘어났습니다. 물론 AI를 사용한다고 해서 깊이 있는 분석이 되지는 않습니다. 기본적으로 투자자 스스로가 이해하고 생각할 수 있어야 비로소 AI를 비서로 잘 활용할 수 있습니다.

저는 여러 AI 모델(ChatGPT, Perplexity, Claude 등)을 사용해본 결과, 현재는 '제미나이(Gemini)'와 'NoteBook LM'을 메인으로 사용하고 있습니다. 특히 앞서 소개한 'Fiscal.ai'와 결합했을 때 엄청난 시너지가 발생합니다. Fiscal.ai에서 특정 기업의 최신 실적 발표 자료나 컨퍼런스 콜 내용을 찾아 그 내용을 바탕으로 제미나이에게 핵심 내용을 요약하거나, 특정 데이터에 대해 질문하며 저만의 분석 프롬프트를 만들어 활용합니다. 이를 통해 기업의 러프한 분석을 매우 빠르고 쉽게 마칠 수 있습니다.

부록 4

바쁜 직장인을 위한
퀄리티 기업 스크리닝 실전 가이드

어디부터 공부해야 할지 막막하다고 생각하는 분들을 위해 스크리너로 퀄리티 기업 후보군을 찾는 저만의 방법을 공유하겠습니다.

왜 이 지표들인가: 스크리닝 철학

저의 스크리닝 철학은 간단합니다. 바로 '진짜 현금을, 효율적으로 버는 기업'을 찾는 것입니다.

1. 잉여현금흐름(FCF)과 영업활동 현금흐름(OCF)

"이익은 의견이지만, 현금은 사실"이라는 격언처럼 회계상 이익이 아닌 '진짜 현금' 창출 능력을 보기 위함입니다. 기업의 생존과 성장의 원천은 결국 현금입니다.

2. 투하자본이익률(ROIC)과 사용자본이익률(ROCE)

기업이 가진 자본(자기 돈+남의 돈)을 얼마나 '효율적으로' 사용하여 이익을 내는지를 보기 위함입니다. 이 수치가 높고 꾸준할수록, 기업의 비즈니스 모델이 탄탄하다는 증거입니다.

실전: 나만의 퀄리티 기업 스크리너 만들기

저는 주로 Fisical.ai 사이트를 사용하며, 어떤 것을 공부할지 막막할 때 다음 조건으로 분석할 기업을 찾곤 합니다.

[그림 9] 스크리너

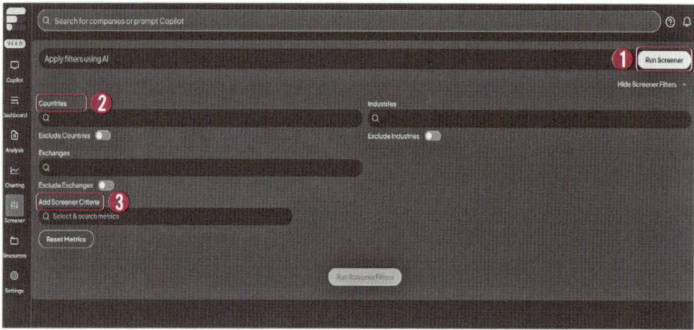

출처: Fisical.ai

❶ Fisical.ai 사이트 메뉴에서 Screener를 선택합니다.

❷ Countries에서 원하는 국가(예: South Korea, USA)를 설정합니다.

❸ Add Screener Criteria에서 다음 4가지 지표와 최소 기준을 입력합니다
(퀄리티 스크리너 조건).

[그림 10] FundEasy 퀄리티 스크리너 조건

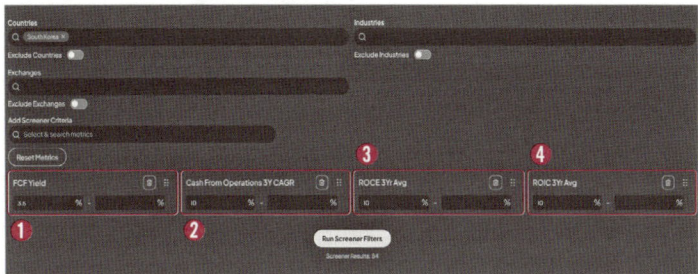

출처: Fisical.ai

[FundEasy 퀄리티 스크리너 조건]

❶ FCF Yield(잉여현금흐름 수익률): 3.5% 이상

❷ Cash From Operations 3Y CAGR(3년 연평균 영업현금흐름 성장률): 10% 이상

❸ ROCE 3Yr Avg(3년 평균 사용자본이익률): 10% 이상

❹ ROIC 3Yr Avg(3년 평균 투하자본이익률): 10% 이상

(참고: 2025년 7월 초 기준으로 이와 같이 스크리닝했을 때, 한국에서는 87개의 기업이 나왔습니다.)

[그림 11] 퀄리티 스크리닝 결과

출처: Fisical.ai

스크리닝 이후: 진짜 분석의 시작

가장 중요한 점을 잊지 말아야 합니다. 스크리너는 단순히 '분석할 만한 기업 목록'을 만들어주는 도구일 뿐 정답을 알려주는 마법 지팡이가 아닙니다.

이 목록에 나온 기업들은 단지 우리의 엄격한 바텀업 분석을 받을 자격을 얻었을 뿐입니다. 이제부터 우리는 이 기업들을 하나씩, 2부에서 배운 '3개의 기둥(재무, 해자, 경영진)'이라는 현미경으로 깊이 있게 들여다봐야 합니다. 스크리닝은 분석의 끝이 아닌, 진짜 분석의 시작입니다.

부록 5

나만의 투자 시스템 구축을 위한 7단계

간단한 체크리스트는 이 책에서 배운 모든 것을 바탕으로 세상에 단 하나뿐인 '당신만의 투자 원칙'을 세우도록 돕는 실전 가이드입니다. 각 단계를 따라 질문에 답하고 빈칸을 채워나가며, 자신만의 투자 시스템을 완성해보세요.

Step 1. 나의 투자 철학 정립하기(1~3부, 11장 참고)

- 나의 투자 목표(예: 20년 후 은퇴 자금, 자녀 학자금 등)는 무엇인가?
- 내가 감내할 수 있는 최대 손실 범위(투자 성향)는 얼마인가?
- 내가 가장 중요하게 생각하는 투자의 덕목(인내, 규율, 겸손, 학습 중 택 1)은 무엇인가?

Step 2. 나의 관심 산업(운동장) 찾기(4장 참고)

- 내가 가장 흥미를 느끼는 메가트렌드(기술, 인구, 사회·정책 변화 중)는 무엇인가?
- 그 트렌드와 관련된 유망 산업 3~5개를 적어보자.

Step 3. 1차 관심 기업 목록 작성하기

- 선정한 산업에 속한 대표적인 기업들의 목록을 만들어보자(최대 20개).

Step 4: 퀄리티 기업 분석하기(5, 6, 7장 참고)

- 관심 기업 중 하나의 사업보고서를 열어 다음 항목을 간단히 평가해보자.

[ ] 재무: 지난 5년간 꾸준히 이익과 현금을 창출했는가? 부채는 적정한가?

[ ] 경제적 해자: 이 기업의 가장 강력한 해자는 7가지 힘 중 무엇인가?

[ ] 경영진: CEO는 주주의 이익을 위해 일하고 있는가? (자본 배분 정책 확인)

Step 5. 가치평가 및 매수 가격 결정하기(8장 참고)

- 나의 '최소 요구수익률(예: 연 10%)'은 얼마인가?
- 이 요구수익률을 적용했을 때, 내가 생각하는 이 기업의 대략적인 내재가치와 '매수를 고려할 가격'은 얼마인가?

Step 6: 포트폴리오 원칙 세우기(9장 참고)

- 나는 몇 개의 종목으로 포트폴리오를 구성(집중 vs 분산)할 것인가?

- 한 종목에 투자할 최대 비중은 몇 %로 정할 것인가?

Step 7: 매수/매도 원칙 기록하기(10장 참고)

- 이 기업을 매수하기로 결정했다면, 그 핵심적인 이유는 무엇인가?
- (가장 중요) 만약 나의 생각이 틀렸다면, 어떤 상황이 발생했을 때 이 기업을 매도할 것인가?

부록 6

추천 도서

퀄리티 투자와 관련된 깊이 있는 인사이트를 얻는 데 도움이 될 만한 책들을 소개합니다.

워런 버핏 관련

- 로렌스 커닝햄, 『워런 버핏의 주주 서한』
- 로버트 해그스트롬, 『워런 버핏 포트폴리오』

가치 투자 및 퀄리티 투자

- 벤저민 그레이엄, 『현명한 투자자』
- 필립 피셔, 『위대한 기업에 투자하라』
- 테리 스미스, 『퀄리티 투자, 그 증명의 기록』
- 하워드 막스, 『투자에 대한 생각』

경쟁 우위 및 전략

- 해밀턴 헬머, 『7가지 파워 (7 Powers)』
- 윌리엄 손다이크, 『아웃사이더 (The Outsiders)』

투자 심리 및 행동 재무학

- 대니얼 카너먼, 『생각에 관한 생각』
- 모건 하우절, 『돈의 심리학』
- 윌리엄 손다이크, 『현금의 재발견』

리스크 관리 및 기타

- 나심 니콜라스 탈레브, 『블랙 스완』, 『안티프래질』, 『스킨인더게임』

부록 7

참고 웹사이트 및 자료

지속적인 학습과 정보 습득에 도움이 될 만한 웹사이트와 자료들입니다.

기업 정보 및 재무 데이터

- DART(전자공시시스템 – dart.fss.or.kr)
- 네이버 금융(finance.naver.com)
- SEC EDGAR(sec.gov/edgar)
- fiscalai.io
- Tikr.com

경제 뉴스 및 분석

- The Wall Street Journal, Financial Times, Bloomberg News, Reuters 등 해외 주요 경제 뉴스 웹사이트
- The Economist, Forbes, Fortune 등 경제 주간지/월간지 웹사이트

부록 8

주요 용어 설명

본문에서 자주 사용되었거나 독자들이 생소하게 느낄 수 있는 주요 투자 및 경영 관련 용어들을 쉽게 풀어 설명합니다.

- **7가지 힘**(7 Powers): 기업이 오랫동안 경쟁에서 이길 수 있는 힘(경제적 해자)을 만드는 7가지 방법(규모의 경제, 네트워크 효과, 역포지셔닝, 전환 비용, 브랜드, 핵심 자원, 프로세스 파워)
- **가치 함정**(Value Trap): 주가가 싸다는 이유로 투자했지만 기업의 기본적인 사업 내용이 나빠지거나 성장성이 없어 주가가 계속 하락하거나 오르지 못하는 상황에 빠지는 것
- **과신 편향**(Overconfidence Bias): 자신의 능력이나 지식, 예측을 실제보다 과대평가하는 인지 편향
- **기대 가치**(Expected Value): (성공 확률 × 성공 시 수익) - (실패 확

률 실패 시 손실). 투자의 잠재적 가치를 평가하는 확률적 사고방식

- **경제적 해자**(Economic Moat): 성 주위에 파놓은 연못(해자)처럼 기업이 경쟁자들로부터 자신의 높은 수익성을 오랫동안 지킬 수 있게 하는 강력한 경쟁 우위
- **능력 범위**(Circle of Competence): 투자자가 잘 이해하고 분석할 수 있는 사업 영역이나 투자 대상. 이 범위를 벗어난 투자는 위험할 수 있다.
- **내재가치**(Intrinsic Value): 기업이 앞으로 벌어들일 것으로 예상되는 모든 현금 흐름을 현재 가치로 환산한 것으로 기업의 본질적인 가치를 의미
- **뇌동매매/군중 심리**(Herding Behavior): 자신의 판단 없이 다른 투자자들이 하는 대로 따라 매매하는 행위. 군중심리에 휩쓸리는 것을 의미
- **리밸런싱**(Rebalancing): 투자 포트폴리오 내 자산 비중이 시장 변화로 인해 처음 목표했던 비중에서 벗어났을 때 이를 다시 조정하여 원래의 위험-수익 특성을 유지하는 과정
- **멀티플**(Multiple): PER, PBR, EV/EBITDA 등과 같이 기업 가치를 특정 재무 지표의 몇 배로 나타내는 상대가치 평가 지표들을 통칭
- **복리**(Compounding): 원금뿐만 아니라 발생한 이자에도 다시 이

자가 붙어 시간이 지남에 따라 자산이 눈덩이처럼 불어나는 효과

- **손실 회피 편향**(Loss Aversion): 이익에서 얻는 기쁨보다 손실에서 느끼는 고통을 훨씬 더 크게 느끼는 심리적 경향
- **안전마진**(Margin of Safety): 기업의 내재가치와 실제 투자하는 가격 사이의 차이. 예상치 못한 위험으로부터 손실을 줄일 수 있는 '안전 쿠션' 역할
- **앵커링 편향**(Anchoring Bias): 처음 접한 정보(기준점)에 과도하게 의존하여 이후의 판단이 그 기준점에 묶이는 인지 편향
- **유기적 성장**(Organic Growth): 기업이 다른 회사를 인수합병(M&A)하는 것과 같은 외부적인 요인이 아닌, 자체적인 핵심 사업 경쟁력 강화(신제품 개발, 기존 사업 확장 등)를 통해 이뤄내는 성장
- **이자보상배율**(Interest Coverage Ratio): 영업이익을 이자 비용으로 나눈 값으로, 기업이 이자 비용을 감당할 능력이 얼마나 되는지를 보여줌
- **잉여현금흐름**(FCF, Free Cash Flow): 기업이 영업활동으로 벌어들인 현금에서 사업 유지 및 성장에 필요한 최소한의 설비 투자를 제외하고 남은 기업이 자유롭게 쓸 수 있는 현금
- **자기자본이익률**(ROE, Return on Equity): 주주가 투자한 돈(자기자본) 대비 기업이 얼마나 많은 순이익을 벌었는지를 나타내는 지표

- **자본 배분**(Capital Allocation): 기업이 벌어들인 이익을 어디에, 어떻게 사용할지(신규 투자, M&A, 배당, 자사주 매입 등) 결정하는 경영진의 중요한 의사결정
- **정량적 스크리닝**(Quantitative Screening): 특정 재무 지표나 계량적 기준(예: 낮은 PER, 높은 ROE)을 설정하여 투자 대상 기업을 일차적으로 걸러내는 방법
- **주주 서한**(Shareholder Letter): 기업의 최고경영자(CEO)가 주주들에게 매년 보내는 편지로 경영 성과, 현재 상황, 미래 전략 등을 담고 있음
- **처분 효과**(Disposition Effect): 투자자들이 이익이 난 주식은 너무 빨리 팔고, 손실이 난 주식은 너무 오래 보유하는 경향을 보이는 행동 편향
- **컨퍼런스 콜**(Conference Call/Earnings Call): 기업이 실적 발표 후 투자자나 애널리스트들을 대상으로 실적을 설명하고 질문에 답하는 행사
- **퀄리티 투자**(Quality Investing): 재정적으로 튼튼하고 강력한 경쟁 우위를 가지며, 유능하고 신뢰할 수 있는 경영진이 이끄는 우량 기업에 장기적으로 투자하는 전략
- **테마주**(Thematic Stocks): 특정 사회적 이슈, 정책, 기술 발전 등과 관련된 테마에 묶여 주가가 함께 움직이는 경향이 있는 기업들

- **투하자본이익률**(ROIC, Return on Invested Capital): 기업이 영업활동에 투입한 총자본(자기자본＋부채)으로 얼마나 많은 세후영업이익을 창출했는지를 나타내는 지표
- **확증 편향**(Confirmation Bias): 자신의 기존 믿음이나 가설을 지지하는 정보만 찾고, 반대되는 정보는 무시하거나 낮게 평가하는 인지 편향
- **FOMO**(Fear Of Missing Out): '나만 좋은 기회를 놓치거나 흐름에서 소외되는 것 아닌가' 하는 두려움을 느끼는 심리 상태
- **HTS/MTS:** Home(Mobile) Trading System의 약자로 개인투자자가 PC나 스마트폰을 통해 주식 거래를 할 수 있도록 증권사가 제공하는 온라인 거래 시스템
- **WACC**(Weighted Average Cost of Capital, 가중평균자본비용): 기업이 자본을 조달하는 데 드는 평균적인 비용. ROIC와 비교하여 기업의 실제 가치 창출 능력을 판단하는 기준

> 나가는 글

  이 책을 쓰기로 마음먹은 이유는 단순했습니다. 과거의 저처럼 주식시장에서 길을 잃고 힘들어하는 분들에게 제가 찾은 길이 조금이나마 도움이 되기를 바랐기 때문입니다.

  이 책에는 하루아침에 부자가 되는 비밀이나 내일 오를 종목을 맞추는 마법은 담겨 있지 않습니다. 아마 실망하신 분도 계실지 모릅니다. 대신, 저는 수많은 실패를 거치며 깨달은 가장 평범하지만 가장 강력한 진실, 즉 '좋은 기업을 찾아 그 성장에 동행하는 것'의 중요성과 그 구체적인 방법에 대해 이야기하려 노력했습니다.

  이제 모든 것은 여러분의 몫입니다. 이 책을 덮고, 어제와 똑같은 방식으로 뉴스를 보고, 똑같은 방식으로 매매 버튼을 누른다면 아무것도 변하지 않습니다. 하지만 오늘 배운 것 중 단 하나라도, 예를 들어 '매도 원칙을 미리 적어보는 것'이라도 실천한다면 당신의 투자 인생은 분명 어제와는 다른 길로 들어서게 될 것입니다. 투자는 더 이상 두려움의 대상이 아닙니다. 세상을 배우는 가장 재미있는 공부이자, 나 자신을 성장시키는 최고의 기회입니다.

  당신의 성공적인 투자를 진심으로 응원합니다.

세상의 변화를 미리 읽고
1%에 집중하는 힘
탑다운 퀄리티 투자

초판 1쇄 인쇄 2025년 10월 17일
초판 1쇄 발행 2025년 10월 31일

지은이 FundEasy
펴낸이 임충진
펴낸곳 지음미디어

편집 정은아, 서민서
디자인 최치영

출판등록 제2017-000196호
전화 070-8098-6197
팩스 0504-070-6845
이메일 ziummedia7@naver.com

ISBN 979-11-93780-19-0 (03320)

값 18,500원

ⓒ FundEasy, 2025

- 잘못된 책은 바꿔드립니다.
- 이 책의 전부 또는 일부 내용을 재사용하려면 사전에
  저작권자와 지음미디어의 동의를 받아야 합니다.